KB128345

방구석
가드닝

방 안에서 시작하는
자급자족 에코 라이프

방구석 가드닝

앤절라 S. 저드 지음 ❘ **서지희** 옮김

문학수첩

가드닝을 하고 싶지만 어디서부터 시작해야 할지 모르는
헤일리(내가 가장 좋아하는 밀레니얼)를 위해.

내 남편 제프에게 감사한다.
그의 참을성 있는 편집과 육아,
또 사랑과 격려와 늦은 밤의 응원 연설이 없었다면
이 책은 세상에 나올 수 없었을 것이다.
우리 아이들 헤일리, 댈린, 그랜트, 타일러, 캘빈에게,
나를 응원해 주고 내가 글을 쓰는 동안 혼돈을 최소화해 준 데 대해 감사한다.
그중에서도 모두가 집에 머물러야 했던 팬데믹 기간에
자기 침실을 사무실로 쓰도록 양보해 준 타일러에게 특히 고맙다.
내가 바쁘게 글을 쓰는 동안 우리 가족을 잘 먹여주신 엄마께 사랑과 감사를 전한다.
또한 내가 이 책을 쓰도록 기회를 준
애덤스 미디어의 편집자 줄리아 자크에게 감사한다.
마지막으로 식물을 가꾸는 나의 재능을 길러주고,
한 알의 씨앗에 든 마법과 정원 가꾸기의 즐거움을 알도록 도와준
모두에게 고맙다고 말하고 싶다.

차례

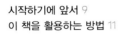

유기농 먹거리를 직접 길러보고 싶은데, 기술이나 지식이 부족해 망설이고 있는가?

　어쩌면 지금 살고 있는 집에 야외 공간이 너무 부족하거나 아예 없어서 고민할 수도 있다. 관상용 화초를 실내에서 길러본 경험은 있지만, 진짜 과일과 채소를 재배한다고 생각하니 더 복잡하게 보일 수도 있고. 아니면 기르고 싶은 마음은 큰데, 단지 어디서부터 시작해야 할지를 모를 수도 있다.

　이 책은 어느 지역에 살든 관계없이, 컨테이너에 나의 먹거리를 직접 재배할 수 있도록 지식과 자신감을 심어줄 것이다. 컨테이너 텃밭은 가드닝을 시작하는 가장 간소한 방법으로, 경험이 부족하고 투자할 공간도 별로 없는 사람에게 알맞다. 발코니, 테라스, 밭 한 뙈기, 아니면 진입로나 보도만 있어도 컨테이너 한두 개를 놓고 바로 시작할 수 있다! 컨테이너 텃밭은 또한 정원이 있지만 더 많은 공간을 확보하고 싶거나, 재배기를 늘리거나, 실내에서 식물을 기르고자 할 때도 좋은 선택이 된다.

　이 책은 다음 사항들을 알려준다.

· 가드닝의 '왜' ‒ 성공적인 먹거리 재배를 도와줄 가드닝의 기본 원칙들.
· 가드닝의 '무엇' ‒ 먹거리 재배를 위해 시작해야 하는 일들.
· 가드닝의 '어떻게' ‒ 컨테이너에 먹거리를 재배하는 실질적인 방법(컨테이너 텃밭의 계획과 준비부터 심기, 돌보기까지 전 단계를 망라했다).

또 컨테이너에서 잘 자라는 50가지 주요 식물들을 상세한 재배 방법과 유용한 팁, 그림을 곁들여 소개한다. 다양한 채소, 허브, 꽃, 과일 중에서 당신의 시선을 사로잡는 것을 찾아 읽어보자. 선택한 식물에 적합한 컨테이너를 찾기만 하면, 심을 준비가 다 됐다! 성공을 바탕으로 나아가되, 철마다 실수를 통해 배움을 얻기를 바란다. 그리고 텃밭의 규모와 더불어 당신의 경험과 자신감이 자라남에 따라 컨테이너의 수를 늘리는 것도 잊지 말기를!

직접 먹거리를 재배할 준비가 되었는가? 5장에는 처음 재배하기에 적합한 수십 가지 식물들이 수록되어 있다. 초보자라면 특히 기르기 쉬운 것들에 우선 주목하도록 하자. 각 식물의 재배 '난이도'는 3가지 단계로 표시된다.

1단계: 쉬움 ★ ☆ ☆

심기부터 수확까지 최소의 단계로 쉽게 기를 수 있는 식물들이다.

2단계: 보통 ★ ★ ☆

성공적인 재배를 위해 두어 단계를 더 추가해야 하고, 기르는 동안 몇 가지 주의해야 할 점이 있는 식물들이다.

3단계: 어려움 ★ ★ ★

여러 가지 이유로 기르기가 비교적 어려운 식물들이다. 그렇다고 시도를 두려워하지는 말기를! 3단계 작물들에는 보다 많은 노력이 필요하지만, 당신이 알아야 할 모든 것은 각 항목에 전부 설명되어 있다. 재배 정보를 잘 읽고 한 단계씩 따라 하면 틀림없이 성공할 수 있다.

당신이 고른 식물에 알맞은 컨테이너를 선택하는 일은 매우 중요하다. 각 항목에는 해당 식물이 잘 자랄 만한 컨테이너의 최소 크기가 나와 있다. 2장의 '컨테이너 크기'란을 참고해 자신이 고른 식물에 필요한 컨테이너의 크기를 정하자. 알맞은 크기의 컨테이너를 선택해야 식물이 충분한 흙, 공기, 물, 양분을 공급받아 행복하게 자라며, 나아가 당신에게 맛있는 수확물을 제공해 줄 것이다.

각 항목에 나와 있는 빛 요구량을 확인해, 충분히 빛을 받을 수 있는 곳에 컨테이너를 두도록 한다. '심는 시기'란의 지침을 따르면 수확에 성공할 확률이 가장 높다. 궁금한 점이 있을 때는 4장(알아두면 유용한 용어들)과 부록 1의 표들을 찾아보면 된다. 여기서는 흔히 만나게 되는 문제들을 해결하기 위한 쉽고 명확한 정보와 함께 화학 비료 없이 안전하게 해충을 막는 방법을 알려준다.

1장

컨테이너 텃밭 가꾸기의 기초

먹거리를 직접 기른다고 하면 복잡할 것이라고 지레짐작할 수 있지만, 사실 컨테이너에 먹거리를 기르는 방법을 배우기는 어렵지 않다. 가드닝의 초보자이든 숙련자이든, 컨테이너 텃밭은 자급자족에 보다 가까워지고 내가 먹는 먹거리의 출처를 알 수 있는 실용적인 방법이다. 실내용 화초를 가꾸고 있거나 집 앞에 화분을 놓아 기르고 있다면, 당신은 이미 컨테이너를 활용하고 있는 것이다. 이 장에서는 당신이 이미 알고 있을지도 모르는 기본적인 가드닝 기술들을 알아보고 보충하며, 주위에서 흔히 구할 수 있는 컨테이너에 먹거리를 기르는 방법을 배워볼 것이다.

또한 성공적인 컨테이너 가드닝을 위한 10가지 원칙을 설명한다. 컨테이너 가드닝의 여정을 시작하려면 이 원칙들을 확실히 이해해야 한다. 텃밭에 어떤 문제가 생긴다면 이 원칙들을 다시 잘 읽어보자. 식물에게 기본적으로 필요한 것들 중 하나가 빠졌을 수도 있으니 말이다.

컨테이너 텃밭의 좋은 점

여기 적힌 장점들을 읽고 부디 컨테이너 텃밭이 돈이 많이 들거나 복잡한 일이 아님을 깨닫기를 바란다. 컨테이너에 먹거리를 기르면 전통적인 가드닝 과정을 단순화할 수 있으며, 시작 시점에 앞을 가로막는 장애요인들을 없앨 수 있다.

어디서든 기를 수 있다

컨테이너 텃밭의 여러 장점들 중 최고는 어디서든 할 수 있다는 것이다. 발코니, 데크, 진입로 등 어디든 컨테이너만 놓으면 준비가 끝난다. 야외에 자리가 없다고? 적절한 조명만 있다면 실내에서도 기를 수 있다.

당장 최고의 흙에서 먹거리를 기를 수 있다

일반적인 노지 텃밭에서는 흙이 개선되는 데 수년이 걸린다. 컨테이너에는 처음부터 채소, 허브, 과일, 꽃 등에 가장 적합한 종류의 흙을 채울 수 있으며 토양 오염, 척박하거나 돌이 많은 흙, 잡초를 비롯한 기타 문제들을 피할 수 있다. 노지 텃밭에서 흔히 발생하는 토양 전염성 병해충도 보통은 생기지 않으며, 혹시 땅에 심은 식물에 병해충이 발생하더라도 컨테이너로 옮기면 피해가 줄어든다. 게다가 컨테이너 안에서는 다양한 종류의 영양토를 이용해 pH(토양의 산성 또는 알칼리성을 나타내는 척도)를 보다 쉽게 관리 및 조절할 수 있다.

간단하고 저렴하게 시작할 수 있다

작은 규모로 시작한다면, 컨테이너 텃밭은 초기 비용이 거의 들지 않고 준비할 것도 별로 없다. (토양을 마련하거나 삽, 갈퀴, 손수레를 살 필요도 없이) 간단하게 시작할 수 있고, 처음부터 집에 흙을 한 트럭씩 쏟아붓지 않아도 된다. 컨테이너 텃밭에 필요한 몇 안 되는 도구들에 대해서는 2장에 자세히 나와 있다.

누구나 쉽게 조정하고 접근할 수 있다

컨테이너 텃밭이 일반적인 노지 텃밭보다 나은 또 하나의 이유는, 갖가지 상황에 맞게 조정하거나 접근 가능하게 만들 수 있다는 점이다. 예를 들어, 컨테이너의 높이는 베란다 난간, 벤치, 선반 등에 맞춰 조정할 수 있다. 또 노지 텃밭에서보다 몸을 굽히고, 땅을 파고, 무릎을 꿇어야 하는 일도 적다.

장소와 시간에 융통성이 있다

컨테이너 텃밭은 휴대가 가능하다. 당신이 사는 곳이 바뀌면, 당신의 텃밭도 함께 갈 수 있다. 컨테이너를 마당에서 햇볕이 가장 잘 드는 곳으로 옮기거나, 무더위 또는 혹한을 피해 실내로 들여놓을 수도 있다. 이처럼 컨테이너는 휴대가 가능한 데다 노지 텃밭에 비해 더 빨리 데워지므로(그리고 시원해지므로) 채소, 허브, 과일, 꽃의 재배기를 늘릴 수 있다.

성공적인 컨테이너 텃밭을 위한 원칙 ────────────

이 기본 원칙들은 당신이 텃밭을 가꾸며 궁금해할 만한 '왜'라는 질문들에 대해 쉬운 이해를 제공한다. 이 원칙들을 배워 적용하면 문제를 최소화하거나 피할 수 있으며, 혹시나 텃밭에 문제가 생기더라도 해결할 능력을 갖추게 된다.

식물은 충분한 빛을 받아야 먹거리를 생산할 수 있다

성공적인 텃밭을 위한 가장 중요한 원칙은 햇빛이다. 어떤 식물들은 햇빛을 아주 조금만 받아도 되지만, 식용으로 재배되는 식물들은 많은 빛을 필요로 한다. 그늘진 곳에서도 비교적 잘 견디는 채소들이 있긴 하나, 모두에게 햇빛은 필수다. 이 책에서 다루는 대부분의 과일, 채소, 허브, 꽃 들은 하루에 6~8시간 동안 빛을 받으면 가장 좋다. 예를 들면 다음과 같다.

· 꽃식물은 직사광선을 6시간 이상 받아야 한다.
· 식용 뿌리를 얻기 위해 재배되는 식물은 직사광선을 4시간 이상 받아야 한다.
· 식용 잎을 얻기 위해 재배되는 식물은 직사광선을 3시간 이상 받아야 한다.

실내에서 기른다면 식물 재배용 조명이 필요하다. 햇빛을 충분히 받지 못한 식물은 자라기야 하겠지만 그 속도가 느려진다. 아침과 오후 중 선택할 수 있다면 오전을 이용하자. 아침 일찍부터 6~8시간 동안 햇빛을 받고 오후에는 살짝 그늘이 지는 곳이 대부분의 과일과 채소에 가장 이상적이다.

식물을 심을 때는 그 식물에 이상적인 시기와 온도를 고려하라

각 채소, 허브, 과일, 꽃은 선호하는 재배 온도가 있다. 각각에 적합한 시기에 심는 것은 성공적인 수확을 위한 중요한 요인이다. 서늘한 날씨를 좋아하고 약간의 서리에도 견딜 수 있는 작물들이 있는가 하면, 날씨가 따뜻해야 잘 자라고 서리가 내리는 환경에서는 죽는 작물들도 있다. 당신이 사는 지역 특유의 재배 조건을 아는 것은 가드닝의 성공에서 큰 비중을 차지한다. 식물들은 각각에 적합한 온도의 토양에 심어졌을 때 가장 행복해하며 잘 자란다.

컨테이너 식물에는 땅에 심은 식물과는 다른 흙이 필요하다

일반적인 정원 흙은 컨테이너 가드닝에 쓰기에는 지나치게 압축된 데다 무거워서 뿌리가 자라는 데 필수적인 공기와 수분을 공급할 수 없다. 화분용 영양토는 뿌리에 양분, 공기, 수분을 공급하기에 적합한 재료 배합으로 식물이 최대한 잘 자라도록 해준다. 컨테이너 식물에 주로 사용되는 배합토에 관한 더 많은 정보는 2장을 참고하자.

컨테이너 텃밭에는 물을 잘 주는 것이 매우 중요하다

충분한 수분이 없으면 식물은 죽고 만다. 컨테이너 식물은 땅에서 자라는 식물들처럼 뿌리를 뻗어서 수분 공급원을 찾을 수 없다. 당신은 원예사로서 당신의 식물들이 필요로 하는 물을 대줄 책임이 있다. 식물은 대부분이 수분으로 구성되며, 물을 이용해 광합성과 증산작용을 한다. 식물에 물을 충분히 주지 않으면 뿌리털이 시들어 더 이상 양분을 흡수하지 못한다. 흙 역시 수분이 있어야 제 기능을 하고 식물에 에너지를 전달할 수 있다. 흙이 마르면 그 속의 생물들이 활동을 멈추거나 죽어버리기 때문에 식물에 양분을 공급하지 못한다. 물은 식물이 살고 생장할 수 있게 하며, 나아가 맛있는 먹거리를 생산하도록 한다.

식물은 (그리고 그 뿌리는) 공기가 있어야 자란다

물을 너무 많이 주면 너무 적게 주는 것과 마찬가지로 식물에 해가 될 수 있다. 흙 입자들 사이의 공간이 물로 가득 차면 공기가 스며들 공간이 없어진다. 공기가 없으면 뿌리는 숨을 쉬지 못해 죽는다. 컨테이너 바닥에 난 구멍을 보고 과연 그게 꼭 필요한 것인지 생각해 본 적이 있을 것이다. 정답은 '그렇다'이다! 그 구멍은 과잉 공급된 물을 컨테이너 밖으로 배출시키는 역할을 한다. 또 벽돌이나 받침대를 이용해 컨테이너를 땅에 닿지 않게 올려놓으면 물이 구멍 밖으로 더 잘 배출된다.

이 원칙은 흙에만 적용되는 것이 아니다. 주변 공기도 잘 통하게 해야 식물은 건강하고 행복하게 자랄 수 있다. 식물들을 서로 너무 촘촘히 붙여놓아 통풍이 잘되지 않는 곳에서 기르면 병에 걸릴 위험이 있다.

컨테이너 재배 식물에는 비료를 더 자주 주어야 한다

컨테이너 식물은 양분이 컨테이너 배수구로 빠져나가고 주변 흙으로부터 양분을 공급받을 수 없기 때문에 당신이 주는 양분에 의지한다. 질 좋은 화분용 영양토에도 양분이 들어 있지만, 대부분은 추가적인 비료를 필요로 한다. 가장 좋은 방법은 정기적으로 유기질 비료를 주는 것이다.

뿌리가 자랄 공간이 충분해야 한다

커다란 나무를 땅속 뿌리까지 보여주는 그림을 본 적이 있는가? 나무의 뿌리는 흔히 그 나무의 잎들이 이루는 덮개만큼 넓고, 땅속으로 수 미터가량 깊게 뻗어 있다. 이것은 컨테이너 텃밭에도 똑같이 적용되는 원칙이다. 큰 식물일수록 뿌리가 뻗어나가는 영역도 넓으므로 뿌리 조직이 충분히 자랄 수 있을 만큼 큰 컨테이너가 필요하다. 식물의 크기는 보통 그것을 심는 컨테이너의 크기에 의해 제한된다. 컨테이너의 크기는 그 컨테이너에서 자랄 식물이 가장 잘 자랄 수 있도록, 식물의 크기와 수에 맞게 정해야 한다.

컨테이너에서 잘 자라는 식물은 따로 있다

컨테이너에서는 식물이 최대로 자랄 수 있는 뿌리 크기와 물 수용량이 한정되기 때문에 기르기에 적합한 식물들이 따로 있다. 컨테이너에 기를 식물을 선택할 때는 '왜성종'을 찾는다. 왜성종은 일반적인 식물에 비해 크기가 작게 자라는 종을 말하는데, 컨테이너에서 기르기에 더 알맞다. 또 덩굴성보다는 '비덩굴성' 품종을 선택한다. 이름에 '소형'이라는 말이 포함된 것 역시 컨테이너에서 잘 자라는 품종이라는 단서이다.

수직으로 재배하면 더 좋아하는 작물들이 있다

컨테이너에 트렐리스 같은 지지대를 설치해 덩굴 식물들을 수직으로 재배하면 많은 이점이 있다. 채소를 수직으로 재배하면 공간을 덜 차지할 뿐만 아니라 통풍이 잘되고 햇빛에 더 잘 노출되어 병해충에 대한 저항력이 높아진다. 수직으로 재배된 과일과 채소는 수확하기에도 편하다. 식물이 컨테이너 밖으로 넘쳐 땅에 닿으면 벌레들에 의해 손상되거나 발에 밟힐 수 있다.

식물의 건강을 지키는 것이 가장 좋은 병해충 예방법이다

건강한 식물은 병에 덜 취약하며 해충도 덜 꼬인다. 당신이 할 수 있는 한 최적의 재배 조건을 제공해 주면, 식물이 건강해져서 문제가 덜 생길 것이다. 먹거리를 직접 기르는 것의 가장 좋은 점은 그것이 어떻게 자랐는지를 알 수 있다는 것이다. 그러니 부디 유기농 재배법을 포기하고 벌레가 보일 때마다 화학 약품을 뿌려대지는 말도록. 부록 1의 표들을 참고해 문제의 싹을 미리 없애는 게 좋다. 언제나 간섭을 최소화하는 방법을 우선시하고, 인내심을 가지도록 한다.

2장

유용한 도구들과 컨테이너 고르기

컨테이너 텃밭에 필요한 대부분의 도구들은 작은 양동이나 바구니에 모두 담을 수 있다. 이 장에서는 추천할 만한 도구들을 소개한다. 어쩌면 그중 일부는 당신이 이미 갖고 있을 수도 있다. 올바른 도구를 사용하면 일이 한결 쉬워진다. 구입 가능한 선에서 가장 좋은 도구를 구비해 잘 관리하자. 사용한 뒤에는 항상 먼지와 찌꺼기를 닦아 보관해야 한다. 필요할 때 바로 찾을 수 있도록 정해진 곳에 보관하라. 도구들을 잘 정리해 두면 최대한 많은 시간을 텃밭에서 보낼 수 있게 된다.

컨테이너는 당신이 사용할 가장 중요한 '도구'이다. 당신에게 필요한 컨테이너의 크기는 어떤 식물을 기르느냐에 따라 달라진다. 비교적 작은 것과 큰 것 중에 선택할 수 있다면, 큰 쪽을 선택하는 편이 낫다. 컨테이너가 클수록 식물에 더 많은 흙, 물, 공기가 공급되기 때문이다.

유용한 도구들

처음 시작할 때 여기 수록된 모든 도구가 필요한 것은 아니다. 기본적인 몇 가지만 갖추고 시작한 다음 필요에 따라 다른 도구들을 추가하면 된다.

꽃가위

허브를 자르거나 시든 꽃을 잘라낼 때, 또 작은 채소들을 수확할 때 아주 유용하다. 크기가 작아서 식물을 솎아내고 필요한 대로 자를 수 있다.

모종삽

이것은 컨테이너 텃밭용 삽이라 할 수 있다. 모종삽으로 흙을 파서 식물을 심을 수 있다. 손에 들었을 때 편안한 것으로 고르면 된다.

삽

봉투에 든 흙을 퍼서 컨테이너에 담을 때 삽을 이용하면 편리하다.

수확용 바구니

긍정적인 마음을 갖고 당장이라도 텃밭 수확물을 한가득 담고 싶은 바구니를 찾아보자. 수확을 기다리는 동안에는 텃밭용 도구들을 넣어 보관할 수 있다.

식물 라벨

식물의 이름과 심은 날짜를 기록하는 데 사용한다.

유기질 비료

유기질 비료는 다량 영양소와 미량 영양소 모두를 공급해 주며 합성 비료에 비해 식물이 마르는 현상이 덜 발생한다. 컨테이너 텃밭에 좋은 유기질 비료로는 생선이나 해조류로 만든 액비 등이 있다.

장갑

텃밭을 가꿀 때 장갑을 절대 사용하지 않는 사람도 있고, 장갑이 없으면 안 되는 사람도 있다. 처음 시작할 때나 재배가 끝나갈 때처럼 할 일이 가장 많을 때는 장갑이 필요할 것이다.

전지가위

꽃가위보다 좀 더 큰 전지가위는 호박처럼 비교적 큰 작물을 수확할 때나 두꺼운 가지와 줄기를 자를 때 사용하기 좋다.

텃밭 부직포

텃밭 부직포는 해충 방제, 새들로부터 싹 보호, 덥거나 추운 날씨로부터 식물 보호를 비롯한 여러 가지 목적으로 사용된다. '막덮기' 또는 부직포 터널이라고도 한다.

텃밭 손수레

화분을 실내나 다른 장소로 옮길 때, 무거운 컨테이너들을 바퀴가 달린 손수레에 실어 옮긴 뒤 흙과 식물을 채운다.

토양 온도계

이 책에 수록된 많은 식물 항목들에는 식물을 심기에 알맞은 온도가 나와 있다. 이 편리한 도구가 있으면 심는 시기를 어림짐작으로 결정하는 일을 막을 수 있다. 정확한 측정을 위해서는 아침에 다른 일을 하기 전에 토양에 탐침을 5~10센티미터 깊이로 몇 분간 꽂아둔 뒤 재야 한다.

트렐리스

트렐리스란 토마토 지지대, 컨테이너에 꽂아둔 대나무 막대나 가까운 벽에 붙여둔 격자틀 등, 덩굴 식물이 타고 오르며 자라도록 해주는 구조물을 말한다. 높은 트렐리스는 컨테이너나 가까운 벽에 단단히 고정시키지 않으면 쓰러질 수 있으므로 주의한다.

화분용 영양토에 대하여

화분용 영양토는 컨테이너 텃밭 가꾸기에 없어서는 안 될 재료이다. 정원용 흙은 컨테이너에 담기에는 너무 무겁다. 컨테이너에 가장 적합한 흙은 퇴비, 코코넛 섬유나 피트 모스, 또 질석이나 펄라이트 등이 섞인 화분용 배합토다. 이러한 재료들이 함유된, 자루에 든 화분용 배합토를 구하도록 한다. 화분용 흙은 가볍고 폭신하며 물이 잘 빠져야 한다. 배합된 화분용 흙을 구할 수 없다면, 직접 배합하는 것을 고려해 보자. 다음 재료들을 동량씩 섞으면 된다.

질석이나 펄라이트

공기와 수분을 품고 있으며, 흙을 가볍고 통풍이 잘되도록 해준다. 또 질석은 칼슘, 마그네슘, 칼륨을 더해준다.

코코넛 섬유나 피트 모스

공기와 수분을 품고 있으며, 부식되는 속도가 매우 느리다(코코넛 섬유는 피트 모스에 비해 비교적 지속 가능한 선택지로 여겨진다).

퇴비

유기물과 양분을 공급하고 흙의 수분 보유력을 증가시킨다.

일반 화분용 영양토의 수소 이온 농도 지수(pH)는 대부분의 식물에 적합하다. 하지만 몇몇 식물들은 그보다 더 산성인 토양을 선호한다(이는 5장의 각 식물 설명에 나와 있다). 이런 식물들의 경우에는 산성을 띠는 화분용 흙을 구입해 컨테이너에 담아야 한다. 자루의 라벨을 보면 그 흙이 어떤 식물들에 적합한지 알 수 있다.

심는 시기에 관한 정보

텃밭 가꾸기 원칙에서 설명했듯이, 각 식물을 적절한 시기에 심는 것은 성공적인 먹거리 재배의 기본이다. 그 적절한 시기를 결정하는 데 도움이 되는 수단들이 있다.

텃밭 작물 재배 캘린더
농촌진흥청 산하 국립원예특작과학원 웹사이트의 생활원예 카테고리에서는 '텃밭 작물 재배 캘린더'와 '실내 텃밭 재배 달력'을 제공하고 있다. 한국의 기후 상황에서 주요 작물을 심는 적절한 시기를 한눈에 볼 수 있다. 이것을 알고 있으면 야외에서 어떤 과실수가 살아남을지, 겨울에 컨테이너를 실내에 들여놓아야 하는지 등을 판단하는 데 도움이 된다.

각 지역 농업기술센터
지자체별로 각 지역의 농업기술센터를 운영하고 있다. 당신이 사는 지역을 기준으로 제공하는 믿을 만한 플랜팅 가이드를 제공받을 수 있다. 웹사이트를 통해 상담을 받을 수도 있어 유용하다.

물 주기

잘못된 물 주기는 텃밭에서 발생하는 여러 가지 문제들의 원인이 되곤 한다. 다음 도구들이 있으면 보다 효율적이고 효과적으로 물을 줄 수 있다.

물뿌리개
액비와 물을 섞어 식물에 줄 때 사용한다. 또 가까이에 수도꼭지가 없는 경우에도 물뿌리개를 이용해 컨테이너에 물을 줄 수 있다. 물 주기 방법들 중 시간이 가장 적게 들므로 작은 컨테이너들 몇 개밖에 없는 경우에는 최선의 방법이다.

분무형 노즐

호스 끝에 끼워 사용하는 노즐로 보통 분사 형태를 여러 가지로 조절할 수 있다. 샤워형 분사가 가능한 것으로 고르면 좋다. 샤워형으로 물을 분사하면 흙을 엉망으로 만들거나 뿌리가 다 드러나는 일 없이 흙을 고루 적실 수 있다.

수분계

수분계는 언제 물을 주어야 할지 알려주고, 물을 지나치게 많이 주는 일을 막아준다. 탐침이 근부의 수분을 측정해 화면에 표시한다.

오야(olla)

오야는 유약을 바르지 않은 토분으로, 보통 밑부분이 넓고 목이 좁은 형태를 하고 있다. 목이 땅 위로 나오도록 넓은 부분을 흙 속에 묻어 사용한다. 오야에 물을 담아두면 물이 점토의 미세한 구멍들을 통해 서서히 새어 나간다. 그렇게 해서 한동안 뿌리에 물을 공급해 주는 것이다. 물을 좋아하는 식물들, 기후가 더운 지역, 여행을 자주 다니는 경우에 좋은 선택이 된다.

자동 급수 컨테이너

컨테이너 아래에 물 저장소가 있는 컨테이너이다. 근부에 있는 심지가 저장소의 물을 빨아들인다. 물은 필요할 때마다 저장소에 채워 넣으면 된다. 이런 컨테이너들은 바닥에 배수구가 필요 없는 경우가 많다. 자동 급수 컨테이너는 텃밭에 매일 물을 줄 수 없을 때 사용하면 좋다.

호스

정원용 호스가 있으면 물 주기가 쉬워진다. 컨테이너 식물들은 매일 물을 주어야 하는 경우가 많다. 컨테이너에 닿을 만큼 충분히 긴 호스로 선택하자.

컨테이너의 종류

구체적으로 들어가기 전에, 당신이 어떤 컨테이너를 선택하든 관계없이 주의해야 할 한 가지 중요한 규칙이 있다. 바로 바닥에 과잉으로 공급받은 물이 빠지도록 하는 구멍이 나 있어야 한다는 것이다. 그래야 뿌리와 흙이 물에 잠기는 일을 막을 수 있다. 크기가 큰 컨테이너들은 배수가 더 잘되도록 구멍이 여러 개 나 있는 경우도 있다.

또한 컨테이너를 어디에 올려두느냐에 따라 통풍과 배수가 더 잘되도록 컨테이너 밑에 무언가를 받쳐놓아야 할 수도 있다. 화분 발받침, 벽돌, 작은 나뭇조각 등을 컨테이너 밑면 가장자리에 받치면 남는 물이 잘 빠지게 된다.

가드닝에 적합한 컨테이너는 그 재료가 다양하다. 여기서는 당신이 주로 볼 수 있는 몇 가지를 소개한다.

금속
장점: 튼튼하다. 수분을 머금는다.
단점: 다른 컨테이너들에 비해 온도의 변화가 심하다. 뿌리가 심하게 데워질 수 있다. 항상 햇볕을 쬐는 환경에서는 쓰지 않는 것이 좋다.

나무
장점: 식물이 숨을 쉬도록 한다. 삼나무 계열의 목재는 잘 썩지 않는다. 열을 차단한다. 온도를 조절한다.
단점: 일부 품종은 잘 썩는다.

유리 섬유와 플라스틱
장점: 가볍다. 값이 저렴하다. 방수가 된다. 수분을 머금는다.
단점: 어두운 색인 경우 뜨거워져서 뿌리를 데울 수 있다.

유약을 바르지 않은 테라 코타
장점: 뿌리가 숨을 쉬도록 한다. 값이 저렴하다. 열을 차단한다. 온도를 조절한다.
단점: 흙이 빨리 마른다. 깨질 수 있다. 추운 지역에서는 얼거나 갈라질 수 있다. 큰 것은 무겁다.

유약을 바른 테라 코타
장점: 방수가 된다. 수분을 머금는다. 열을 차단한다. 온도를 조절한다.
단점: 보통 비싸다. 깨질 수 있다. 추운 지역에서는 얼거나 갈라질 수 있다. 큰 것은 무겁다.

직물
장점: 직물 화분에는 보통 손잡이가 달려있어서 옮기기가 쉽다. 재료의 특성상 식물이 숨을 쉬도록 한다. 가장자리를 접어 내려 햇빛이 들게 할 수 있다. 값이 저렴하다. 사용하지 않을 때 보관하기가 좋다.
단점: 흙이 빨리 마른다.

컨테이너의 크기

이 책에서는 컨테이너를 특소형, 소형, 중형, 대형, 특대형, 이렇게 다섯 가지 범주로 나누었다.

이 크기는 컨테이너에 담기는 흙의 양을 기준으로 했다. 여기 나와 있는 것보다 흙이 덜 들어가는 컨테이너는 대부분의 채소들이 익을 때까지 재배하는 용도로는 권장되지 않는다. 일반적으로, 너비만큼 깊이도 깊은 컨테이너를 선택하는 것이 뿌리가 자랄 공간을 최대한 확보할 수 있어서 좋다. 이 책의 5장에 수록된 식물 항목들에는 각 식물에 맞는 컨테이너의 최소 권장 크기가 나와 있다. 가능한 한 가장 큰 컨테이너를 골라야 채소들이 더 많은 흙, 양분, 수분을 공급받을 수 있다. 컨테이너가 작을수록 물을 더 자주 주어야 하므로, 큰 컨테이너는 당신의 일을 덜어주는 셈이다!

참고로, 화분의 크기는 표준화되어 있지 않으므로 다른 도량법(액체, 마른 흙 등)이 적용될 때가 많다. 다음은 마른 흙으로 잰 일반적인 지침이다.

특소형

흙 7~8리터가 담긴다. 지름 22센티미터짜리 테라 코타나 식물 재배용 화분, 25센티미터짜리 매다는 바구니 등이 있다.

소형

흙 11~12리터가 담긴다. 지름 25센티미터짜리 테라 코타나 식물 재배용 화분, 35센티미터짜리 매다는 바구니 등이 있다.

중형

흙 18~19리터가 담긴다. 20리터짜리 플라스틱 들통, 지름 30센티미터짜리 테라 코타나 식물 재배용 화분, 나무 바구니 등이 있다.

대형

흙 37~38리터가 담긴다. 지름 40센티미터짜리 테라 코타나 식물 재배용 화분, 직물 화분, 나무 바구니 등이 있다.

특대형

흙 75리터 이상이 담긴다. 지름 45센티미터짜리 테라 코타 화분(약 65리터), 60센티미터짜리 테라 코타 화분(약 108리터), 반쪽자리 오크통 화분(약 122리터) 등이 있다.

3장

성공적인 컨테이너 텃밭 가꾸기의 10단계

시작할 준비가 되었는가? 이 장에서는 계획하기, 준비하기, 그리고 컨테이너 텃밭 돌보기에 이르는 단계들을 차례대로 설명한다. 작은 규모로 시작하자. 처음에는 컨테이너 한두 개 정도로 시작해 경험을 얻는 것이 좋다. 세밀하게 조정한 당신만의 체계를 만들고 어떤 방식이 당신에게 가장 잘 맞는지를 알아낸 다음, 능력이 향상되었을 때 규모를 확장한다.

1. 컨테이너 텃밭을 꾸릴 최적의 장소를 선정한다

가장 중요하게 고려할 사항은 햇빛이 얼마나 잘 드느냐 하는 것이다. 해당 장소를 시간대마다 잘 관찰하자. 하루에 최소 6~8시간 동안 햇빛을 받는 장소라야 컨테이너를 놓기에 이상적이다. 가능하면 오전에 햇빛을 받는 장소를 선택하자. 물을 대기 쉬운 곳이라면 더욱 좋다.

2. 무엇을 심을지 결정한다

시간적 여유를 갖고 5장의 50가지 채소, 허브, 과일, 꽃을 찬찬히 살펴본 다음, 기르고 싶은 것들을 적어보자. 어떤 것을 골라야 할지 모르겠다고? 우선 당신이 먹고 싶은 것을 재배하고, 새로운 것도 시도해 보자. 햇빛의 양이 한정적이라면(6시간 미만), 부분적으로 그늘이 있어도 자랄 수 있는 식물들을 선택하는 편이 좋다.

기르고 싶은 식물들을 선택했다면 '작물 재배 캘린더'를 이용해 그중 어떤 것이 당신이 사는 지역에서 잘 자라는지, 또 언제 심는 게 가장 좋은지를 알아보자. 농촌진흥청 산하 국립원예특작과학원 웹사이트에서는 지역별, 공간별(실내, 실외) 데이터를 제공하므로, 이를 확인해 참고하면 된다. 이때 식물 묘사에 사용된 형용사(호냉성, 호온성, 저온성, 고온성, 장기성, 단기성)에 주목하자. 이들은 해당 식물을 언제 심어야 하는지 알려주는 단서가 된다. 일부 식물 설명에 포함된 토양 온도 지침 역시 심는 시기를 결정하는 데 도움을 준다.

이제 당신이 확보할 수 있는 공간이 얼마나 되는지 알아보자. 그 공간은 당신이 선택한 작물들이 자라는 데 충분해야 한다. 식물의 정보를 자세히 읽고, 씨앗을 심어야 하는지 모종을 심어야 하는지 결정한다. 필요한 것들을 쭉 적어보자. 씨앗 또는 모종은 동네 종묘장에서 구하거나, 온라인 구매처를 확인하도록 한다.

모종을 살 때는 다음을 염두에 두자.

· 크다고 좋은 게 아니다. 사방으로 뻗어 있거나 너무 자란 것보다는 작고 조밀한 것으로 고르자.
· 뿌리가 컨테이너 바닥 밖으로 자라난 모종과 이미 꽃이 핀 채소는 피한다.

· 잎이 건강한 초록빛을 띠는 것으로 골라라. 빛바랜 잎은 병해충의 징조일 수 있다.

3. 고른 식물에 맞는 컨테이너를 선택해 준비한다

이 책에 나와 있는 식물 목록을 보고 당신이 심을 채소에 알맞은 크기의 컨테이너를 선택한 뒤, 다음 사항들을 이행한다.

· 컨테이너에 배수용 구멍이 있는지 확인한다(자동 급수 컨테이너는 제외).
· 소량의 표백제를 섞은 비눗물로 컨테이너를 닦고 잘 헹군다(새것도 마찬가지).
· 가급적 하룻밤 동안 컨테이너를 말려서 사용하면 병해충 문제를 최소화할 수 있다.

한 컨테이너에 여러 가지 식물들을 같이 심어도 괜찮으며 오히려 유익한 경우가 많다. 많은 채소와 허브들은 함께 있으면 더 잘 자란다. 각 식물 설명을 보면 어떤 식물과 잘 어울리는지 나와 있는 경우가 많다. 같은 컨테이너에서 자라는 서로 다른 식물들은 비슷한 양의 햇빛과 물을 필요로 한다. 각 식물이 자라기에 충분한 크기의 컨테이너를 선택하도록 하자. 식물들 사이로 통풍이 잘되도록 하는 것은 식물들의 건강 유지에 중요한 요인이다.

4. 컨테이너에 흙을 채운다

화분을 제자리에 놓고, 필요하다면 화분 받받침이나 손수레를 받치자. 컨테이너 바닥에는 아무것도(돌, 스티로폼 완충재 등) 채우지 말아야 한다. 흙, 양분, 그리고 물이 많을수록 식물에 더 좋다! 컨테이너를 제자리에 놓았다면 그 안에 흙을 채운다. 컨테이너가 큰 경우에는 흙을 반쯤 채운 다음 물을 한 번 뿌린 뒤 남은 흙을 채워야 흙이 수분을 흡수하기 시작한다. 컨테이너 맨 위에서 2.5~5센티미터 아래까지 흙이 차도록 한다. 컨테이너를 채운 다음에는 샤워형 노즐을 끼운 호스로 흙을 충분히 적신다.

5. 컨테이너에 씨앗이나 모종을 올바르게 심는다

씨앗 포장지와 식물 안내문에 나와 있는 지침에 따라 적당한 간격을 두고 씨앗을 심는다. 모종을 심기 전에는 모종에 물을 충분히 주어야 한다. 그런 다음 모종삽으로 구멍을 파고, (안내문에 달리 지시되어 있지 않다면) 그 모종이 식물 재배용 화분에 심겼던 것과 같은 높이로 컨테이너에 심는다. 씨앗과 모종에 물을 충분히 주되, 모종이 제자리에서 움직이거나 모종의 뿌리가 드러나지 않도록 주의하자.

6. 올바른 방법으로 물을 준다

텃밭에서 발생하는 많은 문제들은 잘못된 물 주기(물을 부족하게 또는 너무 많이 주어서)로 인한 것들이다. 이 책에 나와 있는 많은 식물들은 자라는 속도가 빠르고 많은 양의 물을 필요로 한다. 컨테이너에 매일 물을 주어야 하는 경우도 많다. 다음 사항들을 염두에 두자.

- **컨테이너를 자주 확인한다.** 흙 속에 손가락을 한 마디 정도 넣어보았을 때 마른 느낌이 들면 물을 주어야 한다. 수분계를 이용하면 뿌리에 수분이 어느 정도 있는지 보다 정확히 알 수 있다.
- **식물에 주의를 기울인다.** 식물은 필요한 물의 양이 충족되지 않으면 당신에게 그 사실을 알릴 것이다. 잎이 축 늘어지거나 시드는 건 물을 너무 안 주어서 생기는 징후이다. 그 밖의 징후들에 대해서는 부록 1의 '문제 해결을 위한 조언' 표를 참조하자.
- **식물이 아니라 흙에 물을 주어야 한다.** 식물은 잎이 아닌 흙 속의 뿌리로 물을 흡수한다. 잎에 물이 남아 있으면 흰가룻병 같은 병이 생길 수 있다.
- **뿌리 덮개를 2.5~5센티미터 두께로 깔아둔다.** 식물이 자라기 시작하면 그 주변 흙 위에 퇴비나 짚 같은 것을 덮어두는 것이다. 뿌리 덮개는 흙 속 수분을 보존하는 데 도움이 된다.

가장 좋은 물 주기 방법은?
흙이 파헤쳐져 뿌리가 드러나도록 세찬 물줄기를 뿜기보다는, 물이 서서히 흙에 흡수되도록 살살 뿌려주는 편이 좋다. 물을 줄 때는 항상 물이 근부 전체를 다 적신 뒤 더 이상 흡수되지 못하고 바닥으로 빠질 때까지 충분히 주도록 한다. 이때 주의할 점은, 흙이 너무 마른 상태이면 물이 흡수되지 않고 바닥으로 빠져버릴 수 있다는 것이다. 만일 이런 일이 생긴다면 삽으로 흙을 뒤집지는 말고 흐트러뜨리는 정도로 살살 파준다. 그런 다음, 표면에 물을 살짝 뿌리기를 반복한다. 이렇게 몇 번 물을 뿌리고 나면, 흙이 풀리고 흐트러져서 더 많은 물이 흡수될 수 있다. 뿌리 덮개를 2.5~5센티미터 두께로 깔면 이후에 흙이 마르는 일을 방지할 수 있다. 흙의 윗부분이 촉촉하면 수분이 뿌리까지 닿고 있다는 뜻이다. 컨테이너 밑에 받침이 있다면 물을 준 뒤에 가급적 비워주도록 한다. 받침에 물이 고여 있으면 뿌리가 숨을 쉬지 못하며, 해충의 온상이 된다.

하루 중 언제 물을 주는 것이 가장 좋을까?

아침에 물을 주면 식물은 시작될 하루에 대비할 수 있다. 더운 낮에 물을 주는 것보다 아침에 주면 수분 증발이 덜하다. 또 해가 지기 전에 잎이 마를 시간을 주어 진균성 질병을 막는 데 도움이 된다. 저녁에 물을 주어야 한다면 잎에 물이 남아 있지 않도록 주의하자.

물 주기 보조 도구 이용하기

매일 물을 줄 수 없다면 식물을 심을 때 컨테이너에 오야를 꽂아두자(2장의 '물 주기' 참고). 컨테이너에 물을 잘 주고, 동시에 오야에도 물을 채운다. 그러면 오야가 없는 컨테이너에 비해 물을 덜 자주 주어도 된다. 그래도 기후가 더운 지역의 가장 더운 시기에는 물을 매일 주어야 하지만, 적어도 식물의 뿌리가 더 많은 수분을 확보할 수 있다.

　컨테이너의 수가 많거나 여행을 자주 다닌다면, 자동 급수 컨테이너를 이용하거나 그 밖의 자동 급수 장치를 설치하는 것을 고려해야 한다. 자동 급수 장치는 각 컨테이너로 물이 흐르는 호스에 타이머를 연결하는 것처럼 단순한 형태일 수도 있다.

7. 정기적으로 양분을 공급한다

처음 몇 주 동안은 퇴비가 풍부한 영양토가 텃밭에 영양을 공급한다. 자주 물을 주면 양분이 씻겨 내려가기 때문에(그리고 뿌리가 흙 속에서 추가적인 양분을 찾을 수 없기 때문에) 어떤 식물들은 매주 양분을 공급해 주는 것이 좋다. 생선이나 해조류로 만든 액비(또는 두 가지를 섞은 것) 같은 수용성 유기질 비료를 사용하자. 희석 방법은 용기에 적힌 설명에 따르도록 한다. 특수한 비료를 필요로 하는 식물들의 경우에는 설명서에 적혀 있을 것이다.

비료에 관해 간단히 말하자면, 유기질 비료를 비롯한 대부분의 비료는 라벨에 세 가지 숫자가 적혀 있다. 이 숫자들은 해당 비료에 의해 공급되는 질소, 인, 칼륨(N-P-K)의 양과 관련된 것이다. 이 세 가지 요소는 자라나는 식물들에 의해 소모되므로 보충해 주어야 한다.

8. 매일 컨테이너를 돌본다

매일 습관적으로 텃밭에서 시간을 보내자. 매일 물을 주어야 하면 당연히 그렇겠지만, 식물의 상태를 관찰하는 데에도 시간을 할애해야 한다. 컨테이너를 살필 때는 다음을 확인한다.

· 새로 돋아난 풀과 꽃 같은 작은 것들을 주목하고 즐기자.
· 잎 아래쪽에 해충이 없는지 잘 살핀다. 병해충은 작은 규모일 때 훨씬 다루기가 쉽다. 부록 1의 '유기농 해충 방제 조견표'에 나와 있는 표를 참고하자.
· 잡초는 씨를 뿌리기 전에 즉시 뽑아버린다. 컨테이너 텃밭에는 보통 잡초가 거의 없어서 처리하기가 쉽다.
· 떨어진 잎과 잔해를 치우자. 시든 꽃은 잘라내고, 죽은 식물은 제거한다. 텃밭을 깨끗하게 유지하는 것이 중요하다.

9. 알맞은 때에 수확한다

당신이 기다려 온 순간이 왔다! 드디어 텃밭에서 기른 먹거리들을 수확용 바구니에 가득 채울 시간이다. 각 식물의 수확 관련 팁들을 잘 읽으면 최적의 수확 시기를 알 수 있는데, 보통은 작물이 아직 어리고 연할 때이다. 열린 과일과 채소를 너무 오래 그대로 두면 질기거나 딱딱해진다. 자주 따주면 식물은 더 많은 작물을 생산한다. 과일과 채소를 손으로 잡아당겨 따기보다는 꽃가위를 이용해 잘라내도록 한다.

10. 발전 상황을 기록하고, 다음에는 무엇을 심을지 계획한다

식물이 시들고 수확이 끝나는 재배기의 막바지에는 나의 경험을 기록하는 시간을 가지는 게 좋다. 사용한 씨앗이나 모종의 종류, 심은 날짜, 수확 상황, 그리고 힘들었던 점 등을 기록하자. 실패는 최고의 스승이 될 수 있다. 나의 여정을 기록해 두는 것은 배움에 도움이 된다.

　사용했던 컨테이너에 식물을 심을 거라면, 새 화분용 영양토로 다시 시작하자. 심었던 식물과 사용한 영양토는 퇴비로 이용하되, 병충해를 입은 식물은 버린다. 소량의 표백제를 섞은 비눗물로 컨테이너를 씻고 소독한다. 2단계 '무엇을 심을지 결정한다'부터 다시 시작해 전 단계를 완성하면 된다.

4장

알아두면 유용한 용어들

식물 정보를 읽다 보면 잘 모르는 단어나 가드닝 용어와 마주칠 수도 있다. 여기서는 당신이 알아두어야 할 가드닝 용어들을 소개한다.

가루받이

열매를 맺기 위해 식물의 꽃가루가 수술로부터 암술로 전달되는 것. 수꽃과 암꽃이 따로 있는 작물들(호박, 오이)도 있고, (한 꽃에 암술 및 수술이 다 있는) 완전화를 피우는 작물들(토마토, 가지, 고추)도 있다. 벌과 기타 꽃가루 매개자들은 이 꽃에서 저 꽃으로 꽃가루를 옮기거나, 꽃을 흔들어 그 안에서 꽃가루가 퍼지게 함으로써 가루받이를 돕는다.

광합성

식물이 햇빛을 이용해 이산화탄소를 식물에 유용한 에너지로 바꾸는 과정.

근부

식물을 심은 흙 밑과 뿌리 주변의 흙, 수분, 산소 등을 아우르는 말로 식물에 물과 양분을 공급하는 부분.

근원부

식물이나 나무의 줄기나 몸통으로부터 뿌리가 뻗어나가기 시작하는 부분. 나무와 덤불을 심을 때 이 부분이 땅에 묻히지 않도록 하는 것이 매우 중요하다.

낙엽성

매년, 주로 가을에 잎이 떨어지는 나무나 관목을 일컫는 말. 무화과나무가 낙엽수의

한 예이다.

내한성 구역

특정 기후대에서 어떤 식물이 추위를 견디고 잘 자라는 지리적 구역.

늘푸른나무

1년 내내, 그리고 이어지는 재배기까지 잎이 떨어지지 않는 식물이나 나무. 감귤나무가 한 예이다.

덩굴 식물

줄기가 하나의 중심점 또는 여러 곳에서부터 기어오르거나 땅바닥으로 뻗어나가는 식물. 지지대나 트렐리스가 필요한 경우가 많다.

데드헤딩(deadheading)

시든 꽃을 제거해 더 많은 꽃이 필 수 있도록 하는 일.

두해살이

씨앗에서 꽃까지의 생애 주기를 완성한 뒤 씨앗을 남기고 죽기까지 2년이 걸리는 식물. 두해살이 식물의 예로는 당근, 양파, 파슬리가 있다.

딴꽃가루받이

특정 종류의 과실수들은 가루받이와 생산

량 증대를 위해 가까이 있는 다른 종류의 과실수를 이용한다. 예를 들어 블루베리는 많은 경우에 두 가지 종류를 가까이 심으면 더 잘 자란다.

맨뿌리묘
흙에 심긴 상태가 아니라 뿌리가 노출된 채 판매되는 휴면 식물. 맨뿌리묘를 구입해 심을 때는, 흙에 심기 전까지 뿌리가 촉촉하게 유지되도록 주의해야 한다.

모종
싹 단계에서 어느 정도 지난 어린 식물로, 유묘라고도 한다. 모종에는 보통 여러 쌍의 본잎들이 달려 있다.

반복 수확
한 식물을 한 번에 다 수확하는 것이 아니라, 몇 주 또는 몇 개월 동안 되풀이해 (보통 바깥쪽 잎부터) 수확하는 방식이다. 루콜라, 셀러리, 케일, 상추, 시금치, 근대 같은 식물들에 적용된다.

발아
식물이 적정 온도, 수분, 때로는 빛을 받아 씨앗에서 새싹으로 자라나는 것.

부분 그늘
이 책에서 말하는 부분 그늘이란 매일 4~6

시간 동안 가려지지 않은 햇빛을 받는 것을 뜻한다.

뿌리 덮개
흙 표면에 덮어놓는 것. 컨테이너에 사용하는 유기질 뿌리 덮개로는 나뭇잎, 자른 풀, 피트 모스, 퇴비, 짚, 솔잎 등이 있다. 유기질 뿌리 덮개는 수분 증발을 줄이고, 온도를 조절하며, 잡초를 덜 나게 한다.

뿌리줄기
땅속에서 수평으로 자라는 다육질 줄기로, 눈이나 생장점들이 나 있다. 뿌리줄기의 예로는 생강과 강황이 있다.

서리 내성 식물
영하의 온도에서 잎, 줄기, 뿌리에 해를 입지 않고 어느 정도 견딜 수 있는 식물.

서리 민감성 식물
영하의 온도에서 손상되거나 죽을 수 있는 식물.

서리일
가을 또는 봄에 첫 서리나 마지막 서리가 내리는 평균 날짜.

솎음
식물 일부를 제거해 성기게 함으로써 남은

식물이 충분한 흙, 햇빛, 물, 통풍을 이용해 잘 자랄 수 있도록 하는 것. 보통 본잎이 두 쌍이 되었을 때 한다.

식물의 과

대부분의 작물은 비슷한 재배 조건과 습성을 가진 여러 과(family)들로 나뉜다. 예를 들면 다음과 같다.

가짓과: 토마토, 고추, 감자, 가지

국화과: 상추, 해바라기, 캐모마일

꿀풀과: 바질, 민트, 로즈메리, 세이지

미나릿과: 당근, 셀러리, 고수, 딜, 파슬리

박과: 호박, 오이

배춧과: 브로콜리, 양배추, 콜리플라워, 케일, 콜라비, 무

비름과: 비트, 근대, 시금치

콩과: 콩류, 완두

파과: 마늘, 양파, 차이브

싹

씨앗에서 처음 자라 나온 어린 식물. 맨 처음 나온 잎을 떡잎이라고 하고, 그다음에 나오는 잎들을 본잎이라고 한다.

알뿌리

전 생애 주기를 모두 포함하고 있는 식물의 저장 구조. 휴면 상태로 있다가 환경이 갖추어지면 자라난다. 알뿌리 식물의 예로는 마늘과 양파가 있다.

여러해살이

여러 번의 재배기 동안 사는 식물. 겨울에는 식물의 잎이 시들어 죽지만, 뿌리는 살아서 봄마다 다시 자라난다. 또는 1년 내내 잎이 나 있는 식물도 있다. 여러해살이 식물의 예로는 블루베리, 차이브, 감귤나무, 무화과나무, 로즈메리가 있다.

연속 재배

일시 수확이 아닌 꾸준한 수확을 위해 재배기 동안 시차를 두고 작물을 심는 것.

오야

수분 증발을 줄이고 뿌리가 필요로 하는 곳에 물을 댈 수 있는 물 주기 방법에 사용되는, 목이 좁고 몸통이 불룩한 토분. 좁은 입구가 땅 위로 나오도록 불룩한 부분을 땅에 묻어 사용한다. 오야에 정기적으로 물을 채워두면, 점토의 미세한 구멍들을 통해 물이 서서히 빠져나가 주위의 흙과 식물 근부로 스며든다.

왜성

식물의 크기가 그 식물의 일반적인 크기에 비해 작은 것. 열매는 일반적인 크기이다.

유기농 가드닝

식물과 토양의 건강 유지를 위해 합성 살충제와 비료를 쓰지 않고 정원을 가꾸는 것.

유기질 비료

암석, 동물, 식물성 물질 등에서 유래한 자연 발생 비료. 생선이나 해조류로 된 액비는 컨테이너 텃밭에 효과적인 유기질 비료들이다.

인

대부분의 비료에 들어가는 재료로 꽃, 과일, 씨앗의 성장뿐만 아니라 뿌리가 튼튼하게 자라는 데에도 도움을 준다. 인의 양은 비료에 적힌 세 가지 숫자들(N-P-K) 중 두 번째 숫자이다.

인공 가루받이

식물의 꽃가루를 수술로부터 암술로 전달해 열매가 생기도록 돕는 것. 작은 붓을 이용해 꽃가루를 옮기거나, 수꽃(길고 가느다란 꽃자루)을 따서 그 한가운데를 암꽃(둥글납작한 꽃자루)의 한가운데에 살살 문질러주면 된다.

자동 급수 컨테이너

물 저장소와 급수 심지가 달려 있어서 저장소에 물을 채워두면 식물에 언제든 물을 공급할 수 있는 컨테이너. 물이 넘치지 않고 빠지도록 해주는 장치가 있어야 한다. 자동 급수 컨테이너는 매일 물을 줄 수 없는 경우나, 토마토처럼 일정한 수준의 수분이 필요한 식물들에게, 또 컨테이너가 빨리 마르는 더운 기후에서 유용하다.

자연파종

한해살이 식물에서 떨어진 씨앗이 다음 해에 발아 및 성장에 필요한 조건이 맞는 경우 다시 자라나는 것.

작물 재배 캘린더

지역별로 채소, 허브, 꽃 등을 심기에 가장 적당한 시기를 알려주는 가이드.

재배기

1년 중 식물을 재배하기에 적합한 조건을 갖춘 기간. 봄에 마지막 서리가 내리는 날부터 가을 첫 서리까지를 말하기도 한다.

제꽃가루받이(자가 수분) 식물

다른 종류의 나무로부터 가루받이할 필요가 없는 과실수들. 예를 들어, 대부분의 감귤나무는 제꽃가루받이를 한다.

증산 작용

식물이 뿌리를 통해 흙 속 수분을 빨아들인 뒤 잎으로 발산하는 과정.

질석

화분용 영양토에 흔히 포함되는 재료. 운모와 마찬가지로 규산염 광물이다. 수분을 흡수하고, 흙을 흐트러뜨려 잘 부서지게 만들며 칼륨, 칼슘, 마그네슘이 소량 들어 있다. 펄라이트에 비해 수분을 더 많이 보유한다.

질소

식물이 건강하고 잎이 무성하게 자라는 데 필수적이라서 대부분의 비료에 포함되는 재료. 식물이 그 어떤 것보다 많이 이용하는 양분이다. 질소의 양은 비료에 적힌 세 가지 숫자들(N-P-K) 중 첫 번째 숫자이다.

추대

수분 부족, 온도나 기타 환경적 요인들로 인한 스트레스 때문에 식물에서 너무 일찍 꽃대가 올라오고 씨앗이 생기는 현상. 추대가 발생한 식물은 보통 먹을 수 없으며 쓴맛이 난다. 추대가 생길 수 있는 식물들로는 상추, 고수, 시금치, 루콜라, 셀러리 등이 있다.

충분한 햇빛

이 책에서 말하는 충분한 햇빛은 매일 최소 6시간 이상 가려지지 않은 햇빛을 받는 것을 뜻한다.

칼륨

대부분의 비료에 들어가는 재료다. 수확량 증가, 식물의 품질 향상 및 질병과 스트레스에 대한 저항력에 도움을 준다. 칼륨의 양은 비료에 적힌 세 가지 숫자들(N-P-K) 중 세 번째 숫자이다.

코코넛 섬유

코코넛 껍질의 섬유를 벽돌처럼 압축해 판매하는 것으로, 많은 화분용 영양토의 재료로 쓰인다. 코코넛 섬유는 뿌리를 위한 수분 보유, 배수, 통풍을 가능케 하는 재생 가능 자원이다.

토양 pH

pH 단위로 측정한 흙의 산성 또는 알칼리성의 정도. 범위는 0부터 14까지이며, pH 7은 중성이라 한다. 숫자가 커질수록 알칼리성이 증가하고, 숫자가 작아질수록 산성이 증가한다. 각 식물은 선호하는 pH 범위가 있다. pH 정도에 따라 식물이 이용 가능한 흙 속 양분들의 종류가 달라진다.

통풍

식물들 사이와 주변에 적당한 간격을 두면 공기가 순환할 수 있으며, 곰팡이를 비롯한 습기 관련 병들을 막을 수 있다. 식물 주변에 통풍이 되도록 하는 것은 햇빛과 물만큼이나 중요하다.

퇴비

토양 개량제 또는 식물 비료로 사용되는 썩은 유기물.

펄라이트

화산암을 부수어 열을 가하면 생성되는 물질로, 화분용 영양토의 주요 재료로 사용된다. 펄라이트는 흙이 뭉치지 않게 해 수분을 보유하는 데 도움을 준다. 질석보다는 수분 보유력이 낮다.

포기 나누기

포기 나누기란 식물을 파서 두 개 이상으로 나누는 것을 의미한다. 이때 각 포기는 뿌리와 식물 일부를 포함해야 한다. 이 포기들은 다시 심어서 기를 수 있다.

피트 모스

부분적으로 분해된 물이끼로, 화분용 영양토의 주요 재료로 쓰인다. 피트 모스는 수분과 공기를 머금으며, 분해 속도가 느리고, 토양의 성질을 개선시키며, 배합토의 pH를 높인다. 보통 코코넛 섬유보다는 덜 지속 가능한 선택지로 여겨진다.

한해살이

한 번의 재배기 동안 씨앗에서 꽃까지의 생애 주기를 완성한 뒤 씨앗을 남기고 죽는 식물. 한해살이 식물의 예로는 바질, 완두,

해바라기가 있다.

혼식

서로 다른 작물들을 가까이 심는 것으로, 생산성 증대, 해충 방제, 가루받이를 비롯한 여러 가지 이유로 해당 작물들에게 도움이 된다.

화분용 영양토

무균 상태의 가벼운 배합토이다. 식물 뿌리 주위에 수분을 머금고, 자라나는 뿌리에 공기를 제공하며, 물 빠짐이 좋아서 컨테이너 식물들에 적합하다. 화분 배지, 컨테이너 흙, 컨테이너 믹스 등으로 불리기도 한다. 질석이나 펄라이트, 코코넛 섬유나 피트 모스가 포함된 것으로 고르도록 한다.

휴면

여러해살이 식물의 성장과 활동이 최소화되는 기간으로, 보통 온도가 너무 낮거나 높을 때 진행된다.

휴지기

과실수가 꽃을 피우고 열매를 맺는 데 필요한 최소한의 추운 기간. 찬 기후에서는 더운 기후에서보다 더 긴 휴지기를 갖는다.

5장

채소, 허브, 과일, 식용 꽃

가지 Eggplant

추위에 약한 호온성, 장기성 가짓과(감자, 고추, 토마토) 식물로,
껍질이 매끈하고 속이 폭신한 열매를 먹는다.

- **성숙 일수**
  70〜120일
- **크기**
  높이와 너비 60〜75센티미터
- **난이도**
  ★ ☆ ☆ 쉬움

알아두기

비교적 서늘한 지역에서는 노지 텃밭
보다 컨테이너가 더 빨리 덥혀지기 때문에 컨테이너
에 가지를 기르는 편이 더 낫다. 가지는 크게 자라므
로 컨테이너에서 기를 때에는 왜성종을 선택하도록 한
다. 그린빈, 고추, 오크라 등과 혼식하기 좋다.

가지 기르는 방법

컨테이너 크기
중형(또는 그보다 큰 것. 2장의 '컨테이너 크기' 참조). 깊이가 최소 25센티미터는 되어야 한다.

심는 시기
봄의 마지막 서리일 2주 후에 심기 시작한다.

시도해 볼 만한 품종
흑진주, 쇠뿔가지, 신흑산호, 퍼플단가지.

심는 형태
모종. 꽃이 피지 않은 작고 조밀한 모종을 선택한다.

심는 방법
모종의 뿌리를 조심히 다룬다. 모종은 기존 화분에 심겼던 것과 같은 깊이로 30~45센티미터 간격을 두고 심는다.

빛
충분한 햇빛.

물
식물이 확실히 자리를 잡을 때까지 물을 잘 주고, 그 후에는 규칙적으로 물을 준다. 마르도록 두지 않는다. 오야나 자동 급수 컨테이너를 이용해도 잘 자란다.

양분
재배기 동안 2주마다 한 번씩 농도 50퍼센트의 유기질 액비를 주면 좋다.

수확 시기
열매가 작을 때 수확해야 맛이 좋다. 가지 껍질이 밝고 윤기가 흐르며, 만졌을 때 단단하고 크기에 비해 무거우면 수확할 때가 된 것이다. 전지가위로 줄기에 붙은 열매를 잘라내야 식물이 상하지 않는다.

Tips

• 크게 자라면 지지대가 필요할 수도 있다. 벼룩잎벌레가 가지를 망쳐놓을 수 있는데, 텃밭 부직포로 덮어두면 피해를 막을 수 있다. 콜로라도 감자잎벌레도 문제가 될 수 있으므로 손으로 떼어내도록 한다. 부록 1의 '유기농 해충 방제 방법'을 참고한다.

감귤류 *Citrus*

감귤나무는 늘 푸른 잎과 향긋한 꽃을 틔우며,
식용 열매를 맺는다.

- 성숙 일수
  심은 뒤 3년까지

- 크기
  높이 60~150센티미터,
  너비 90센티미터(품종에 따라 다름)

- 난이도
  ★ ★ ☆ 중간 또는 어려움(기후에 따라 다르나
  온난한 기후에서 더 기르기 쉬움)

알아두기

감귤나무는 컨테이너에서 아주 잘 자란다. 왜성종을
선택하자. 감귤류는 온도가 영하로 내려가지 않는 아열
대 기후에서 가장 잘 자란다. 그보다 추운 기후에서는
겨울에 컨테이너를 실내에 들여놓는다. 단맛이 강한 품
종들은 아주 따뜻한 날씨가 필요하며, 레몬처럼 신맛이
나는 품종들은 서늘한 기후에서 기르기에 좋다. 감귤류 과
일이 숙성되려면 9개월~1년이 걸린다.

감귤류 기르는 방법

컨테이너 크기
특대형. 너비와 깊이가 최소 60센티미터는 되어야 한다. 절반으로 자른 위스키 숙성 통이나 테라 코타 화분이 좋다. 추운 기후에서는 흙을 채우기 전에 컨테이너를 손수레 위에 올려두면 1년 중 가장 추운 시기에 보호받을 수 있는 곳으로 옮겨둘 수 있다.

심는 시기
서리가 내리는 시기가 지난 뒤의 봄.

시도해 볼 만한 품종
금감, 레몬, 불수감, 사계귤, 두금감.

심는 형태
왜성 대목에 접목을 한 다음 컨테이너에 심어 판매하는 나무. 뿌리가 육묘된 컨테이너 안에 둥글게 말리지 않았는지 확인한다. 잎에 윤이 나는 건강한 나무를 고른다.

심는 방법
컨테이너에 흙을 절반쯤 채운 다음 나무를 심을 자리에 놓는다. 뭉친 뿌리를 살살 풀어주되, 분형근(뿌리 분포가 둥글게 되어 있는 모양)이 다치지 않게 한다. 컨테이너에 기존 화분에서와 같은 높이로 흙을 채운다. 근원부와 접목부는 묻히지 않게 한다.

빛
충분한 햇빛. 온난한 기후에서는 하루 중 가장 더운 시간에 그늘이 필요할 수도 있다.

물
식물이 확실히 자리를 잡을 때까지 물을 잘 주고. 그 후에는 규칙적으로 물을 준다. 흙의 윗부분 약 5센티미터가 말랐을 때쯤 물을 준다.

양분
재배기 동안 매달 감귤용 비료를 준다.

수확 시기
감귤류 과일이 다 익었는지 아는 가장 좋은 방법은 맛을 보는 것이다. 내가 재배한 품종의 대략적인 성숙 시기를 알아두고 그에 따라 시식을 해보는 것이 중요하다.

Tips

• 컨테이너에서 재배하는 감귤류는 몇 년에 한 번씩 더 큰 컨테이너로 옮겨 심거나 뿌리를 정리해 주어야 한다. 서늘한 기후에서는 컨테이너를 벽 옆에 놓아 반사열을 받도록 한다. 감귤류는 서리를 견디지 못하므로 밤 기온이 1.5도 이하로 유지되는 곳에서는 컨테이너를 실내에 들여놓아야 한다. 봄에 서리의 위험이 지난 뒤에는 다시 밖에 내놓는다.

감자 Potatoes

집에서 기른 감자의 맛과 질감은 또 하나의 반가운 텃밭 수확물이다.
게다가 감자는 컨테이너에서도 잘 자란다(흙을 갈 필요가 없다).

- **성숙 일수**
  70~120일

- **크기**
  컨테이너 크기에 따라 다르나, 보통 컨테이너를
  가득 채우며 위로는 30~60센티미터 자람

- **난이도**
  ★★☆ 중간

알아두기

감자는 산성 토양에서 잘 자란다. 최상의 결과
를 얻으려면 호산성 식물에 적합한 화분용 배합
영양토를 선택한다. 또 감자는 다른 식물과 함
께 심지 않고 단독으로 심는 것이 가장 좋다.

감자 기르는 방법

컨테이너 크기
중형(또는 그보다 큰 것). 최소한 너비가 45센티미터, 깊이가 60센티미터는 되어야 한다.

심는 시기
봄의 마지막 서리일로부터 약 2주 뒤, 흙의 온도가 7도가량 되었을 때 심기 시작한다. 여름이 온난한 곳에서는 감자를 겨울 작물로 재배하므로 늦가을에 심을 수도 있다.

시도해 볼 만한 품종
생육 기간이 짧은 조생종이 컨테이너에서 기르기에 좋다.

심는 형태
미리 싹을 틔운 씨감자. 심기 전에 실내의 서늘하고 밝은 곳에서 '눈'에 싹이 나도록 한다. 큰 감자는 반으로 자르되, 각 조각에 눈이 최소 2개는 있어야 한다. 자른 감자들의 절단면이 치유되도록 1~2일간 두었다가 심는다.

심는 방법
중요! 씨감자의 수를 컨테이너 크기에 맞춰야 한다. 흙 10리터당 씨감자를 하나씩 심는다. 컨테이너 바닥에 흙을 10센티미터 높이로 깐다. 싹이 위를 향하도록 하여 싹이 난 감자를 10센티미터 간격으로 놓는다. 그 위에 흙을 10센티미터 높이로 덮는다(10-10-10으로 기억하자). 싹이 나고 15센티미터로 자라면 맨 위의 잎들만 빼고 다시 흙으로 덮는다. 이 과정을 컨테이너 윗부분에 다다를 때까지 반복한다.

빛
충분한 햇빛.

물
식물이 확실히 자리를 잡을 때까지 물을 잘 주고, 그 후에는 규칙적으로 물을 준다. 컨테이너는 고르게 수분이 유지되어야 하지만, 너무 축축하면 감자가 썩을 수 있으므로 주의한다.

양분
재배기 동안 한두 번 정도 유기질 액비를 주면 좋다.

수확 시기
꽃이 피고 잎이 시들기 시작할 때가 수확의 적기이다. 컨테이너를 손수레에 엎어 감자를 수확한다.

Tips

• 감자를 수확해도 될지 모르겠다면, 흙을 파고 손으로 더듬어 본다. 감자 한두 개를 찾아 크기를 확인한다. 감자는 서리에 민감하므로 서리가 내리기 전에 수확해야 한다.

강황 Turmeric

장기성, 호온성 열대 식물로 짙은 주황색의 향긋한 뿌리줄기를 먹는다.

- 성숙 일수
  8~10개월
- 크기
  높이 90센티미터, 너비 60센티미터
- 난이도
  ★ ★ ☆ 중간 또는 어려움(기후에 따라 다르며,
  온난한 기후에서 재배하기가 더 쉬움)

알아두기

강황은 길고 따뜻한 재배기를 보내야 잘 자란다. 서늘한 기후에서는 가을의 첫 서리 10개월 전에 실내에서 미리 싹을 틔운 다음, 날씨가 따뜻해지면 야외에 심는다. 강황과 생강은 재배 조건이 비슷하므로 근처에 심을 수 있다.

강황 기르는 방법

⫿ 컨테이너 크기
중형(또는 그보다 큰 것). 깊이가 최소 25센티미터는 되어야 한다.

1 심는 시기
봄의 마지막 서리일 후, 흙의 온도가 12도 이상 되었을 때 심는다.

시도해 볼 만한 품종
하와이안 레드 품종이 일반적이다.

심는 형태
뿌리줄기. 유기농 강황을 사용하면 좋다. 큰 뿌리줄기는 여러 조각으로 자르되, 각 조각에는 혹이 두세 개 포함되도록 한다. 심기 전에 자른 단면을 건조시킨다.

심는 방법
서늘한 기후에서는 전기 매트 위에 지름 약 10센티미터 크기의 화분을 놓고, 뿌리줄기를 5센티미터 깊이로 심어 미리 싹을 틔운다. 따뜻하고 약간 젖은 상태로 유지한다(너무 축축하면 썩을 수 있음). 싹이 나면 밖에 심을 수 있을 만큼 따뜻해질 때까지는 해가 드는 곳에 놓고 기른다. 한 주 동안 점차 야외에 익숙해지도록 한 다음 더 큰 야외 컨테이너에 조심히 옮겨 심는다. 따뜻한 지역에서는 뿌리줄기들을 혹이 위를 향하게 하여 5~7.5센티미터 깊이에 15~20센티미터 간격으로 심는다.

☀ 빛
강황은 호온성 식물이긴 하지만 부분 그늘을 선호하며, 온난한 기후에서는 더욱 그렇다.

○ 물
싹이 날 때까지는 흙을 계속 촉촉하게 유지하되, 너무 축축하지는 않게 한다. 강황이 활발히 자라나기 시작하면 물을 더 자주 준다. 수분이 꾸준히 공급되어야 한다. 강황은 자동 급수 컨테이너에서도 잘 자란다. 습도가 낮은 지역에서는 가끔 물을 뿌려준다.

◌◌ 양분
재배기 동안 2주마다 한 번씩 해조류로 만든 액비를 주면 좋다.

수확 시기
잎이 노랗게 되면서 시들 때쯤이나 가을 첫 서리일 전에 수확한다. 흙을 살살 풀어준 뒤 뿌리줄기를 조심히 파내 수확한다. 파낸 뒤에는 뿌리줄기에 달린 줄기를 약 2.5센티미터 남긴 채 잘라내 잘 씻는다.

Tips

• 강황이 자라는 동안 한 달에 한 번쯤 컨테이너에 2.5~5센티미터 두께로 퇴비를 준다.

고구마 Sweet Potatoes

서리에 민감한 호온성 덩굴 식물로,
영양이 풍부한 뿌리줄기를 먹는다.

- **성숙 일수**
  90~120일
- **크기**
  덩굴이 대부분의 컨테이너 밖으로 넘칠 만큼 크게 자람
- **난이도**
  ★★☆ 중간

알아두기

고구마는 아주 따뜻한 날씨에서 잘 자란다.
다 자란 고구마를 이용하면 약 2개월 안에
순을 기를 수 있다. 고구마 아랫부분 절반을
흙에 묻고 밝은 빛이 드는 곳에서 따뜻하고
촉촉하게 해주면 순이 난다. 이쑤시개를 꽂
아 물에 절반만 담기도록 해놓아도 된다. 둘
중 어느 방법으로 하든, 순이 어느 정도 길면
고구마에서 분리한 다음 아랫부분 절반의 잎들
을 제거하고 물에 담가둔다. 담가둔 부분에서
뿌리가 자라나면 다음 설명에 따라 심을 수 있
게 된다. 고구마는 금방 컨테이너가 넘치도록
자라므로 단독으로 심는 것이 가장 좋다.

고구마 기르는 방법

컨테이너 크기
대형(또는 그보다 큰 것).

심는 시기
봄의 마지막 서리일 2∼3주 후, 흙의 온도가 18도 이상일 때 심기 시작한다.

시도해 볼 만한 품종
진홍미(가장 일찍 수확하고 전분이 많다), 베니하루카(당도가 매우 높은 것이 특징).

심는 형태
(다 자란 고구마에서 자라난 뿌리 달린) 순.

심는 방법
뿌리 달린 순을 10센티미터 깊이에 30∼45센티미터 간격으로 심는다.

빛
충분한 햇빛.

물
식물이 확실히 자리를 잡을 때까지 물을 잘 주고, 그 후에는 규칙적으로 물을 준다.

양분
심은 뒤 한 달쯤 후에 인산염과 칼륨이 함유된 유기질 비료를 주면 뿌리가 잘 자란다.

수확 시기
심은 뒤 90∼120일이 지나고 가을 첫서리가 내리기 전, 잎과 줄기가 노란색으로 변하기 시작할 때 수확한다. 흙을 파서 덩이줄기의 크기를 확인해 보고, 지름이 7.5센티미터 이상일 때 수확한다. 수확을 할 때에는 고구마 주위의 줄기를 잘라내고 흙을 성글게 풀어 준 다음 덩이줄기를 조심히 파낸다. 덩이줄기는 살살 다루어야 멍이 생기지 않는다.

Tips

• 고구마를 더 크게 키우려면 덩굴을 솎아내지 말고 덩굴이 더 퍼져 햇빛을 흡수할 수 있게 한다. 더 오래 보관하려면 수확 후 고구마를 말려주도록 한다. 캐낸 고구마들을 따뜻하고(약 26도) 어두운 곳에 겹쳐지지 않게 펼쳐서 10∼14일간 놓아두면 된다.

고수 *Cilantro*

잎이 무성하게 나는 저온성, 직립성의 한해살이 허브다. 감귤 맛이 나는 잎(실란트로)이나 씨앗(코리앤더)을 먹으며, 주로 라틴 아메리카와 아시아에서 요리용으로 사용된다.

- **성숙 일수**
  50~55일(실란트로), 90~150일(코리앤더)
- **크기**
  높이 15~70센티미터, 너비 10~30센티미터
- **난이도**
  ★ ☆ ☆ 쉬움

알아두기

고수는 비교적 서늘한 날씨를 선호하며, 따뜻한 날씨에서는 추대(씨앗을 맺음)가 생길 수 있다. 잎을 먹기 위해 기르는 거라면 추대가 느린 품종을 선택하도록 한다. 고수 꽃은 많은 유익한 곤충을 유인한다. 혼식하기 좋은 식물로는 파슬리, 딜, 완두, 콩 등이 있다.

고수 기르는 방법

컨테이너 크기
소형(또는 그보다 큰 것). 곧은뿌리를 내리므로 깊이가 최소 30센티미터인 컨테이너에서 가장 잘 자란다.

심는 시기
봄의 마지막 서리일 후에 심기 시작한다. 이상적인 흙의 온도는 12~20도이다. 2주마다 연속해서 심으면 잎을 계속 수확할 수 있다.

시도해 볼 만한 품종
산토, 칼립소(추대가 느린 좋은 품종).

심는 형태
씨앗이나 모종. 모종은 작은 것을 심었을 때 더 잘 적응한다. 고수는 씨앗 상태부터 기르면 추대가 생겨 씨앗을 맺을 확률이 줄어든다.

심는 방법
씨앗은 0.5~1센티미터 깊이에 7.5~10센티미터 간격으로 컨테이너에 직접 심는다. 싹이 날 때까지 씨앗을 촉촉하게 유지한다. 모종은 기존에 심겼던 것과 같은 깊이로 7.5~10센티미터 간격을 두고 이식한다.

빛
충분한 햇빛이나 부분 그늘. 더운 지역에서는 오후에 그늘을 제공해 준다. 햇빛을 너무 많이 받으면 추대가 더 빨리 생긴다.

물
식물이 확실히 자리를 잡을 때까지 물을 잘 주고, 그 후에는 규칙적으로 물을 준다. 잎에 물이 닿으면 흰가룻병이 생길 수 있으니 잎에는 물을 주지 않는다.

양분
재배기 동안 2주마다 한 번씩 농도 50퍼센트의 유기질 액비를 주면 좋다.

수확 시기
7.5~15센티미터 높이로 자라면 잎을 수확한다. 잎을 수확할 때는 흙 높이에서 줄기를 자른다. 씨앗은 갈색이 되면 수확할 때가 된 것이다.

 Tips

- 노랗게 변하거나, 시들었거나, 상한 잎은 제거한다.

- 실내 재배를 위한 팁: 고수를 기르기에 이상적인 실내 온도는 10~24도이다. 보조 조명을 15센티미터쯤 떨어진 곳에 설치하고, 타이머를 설정해 10~11시간 동안 빛을 받도록 한다. 물은 흙의 윗부분 약 3센티미터가 말랐을 때에만 준다. 실내에서는 유약을 바르지 않은 테라 코타 화분에서 기를 때 가장 잘 자란다.

고추 Peppers

가짓과에 속하는 장기성, 호온성 관목 식물로, 단맛이 나는 것에서부터 얼얼하게 매운 것까지 여러 종류의 열매를 얻기 위해 재배한다.

- **성숙 일수**
  모종 상태에서부터 60~100일(품종에 따라 다름)
- **크기**
  높이와 너비 30~60센티미터
- **난이도**
  ★☆☆ 쉬움

알아두기

고추는 따뜻한 날씨에서 잘 자란다. 비교적 서늘한 지역에서는 노지 텃밭보다 컨테이너가 더 빨리 덥혀지기 때문에 컨테이너에서 기르는 것이 더 낫다. 고추는 잘 부러지므로 지지대를 대서 가지가 부러지지 않도록 해주면 좋다. 고추에는 열을 발생시키는 유성 화합물인 캡사이신이 들어있다. 매운 고추일수록 캡사이신 함유량이 높다. 캡사이신은 피부에 화상을 입힐 수 있으므로 매운 고추를 만질 때에는 장갑을 끼고, 눈이나 코를 만져서는 안 된다. 혼식하기 좋은 식물로는 오크라, 가지 등이 있다.

고추 기르는 방법

컨테이너 크기
중형(또는 그보다 큰 것). 깊이가 20센티미터는 되어야 한다.

심는 시기
봄의 마지막 서리일 2주 뒤. 흙의 온도가 21도가 되었을 때 심기 시작한다.

시도해 볼 만한 품종
단맛: 카르멘이나 파프리카, 중간 맛: 할라피뇨, 매운맛: 하바네로.

심는 형태
모종. 촘촘하고 조밀한 것으로 선택하고 심기 전에 꽃을 제거한다.

심는 방법
모종을 기존 화분에 심겼던 것과 같은 깊이에 30센티미터 간격으로 심는다.

빛
충분한 햇빛.

물
식물이 확실히 자리를 잡을 때까지 물을 잘 주고, 그 후에는 규칙적으로 물을 준다. 수분을 꾸준히 공급해 주어야 한다. 고추는 오야나 자동 급수 컨테이너를 이용해도 잘 자란다. 잎이 젖게 하면 진균성 질병에 걸릴 수 있으므로 주의한다.

양분
발육 단계에 인이 풍부한 비료를 한 번 주면 좋다.

수확 시기
고추는 자주 따주어야 생산이 늘어나며, 수확기 초기에는 더욱 그렇다. 열린 고추를 그대로 두면 생산을 멈추라는 신호로 작용한다. 잡아당기지 않고 가위로 잘라주어야 가지가 부러지는 것을 막을 수 있다. 줄기가 2.5센티미터 정도 붙어 있게 잘라야 보관 기간을 늘릴 수 있다.

Tips

• 심은 뒤 1~2주 동안은 꽃을 제거해 주어야 뿌리가 잘 발달할 수 있다. 꽃이 생겼을 때 엡솜염 용액(물 1리터에 엡솜염 1작은술)을 뿌려주면 생산량이 늘고 전체적으로 건강하게 자란다.

근대 Swiss Chard

재배가 쉬운 근대는 비트의 사촌으로,
색이 화려하고 영양이 풍부한 줄기와 잎을 먹는다.

- **성숙 일수**
  50~90일
- **크기**
  높이와 너비 30~45센티미터
- **난이도**
  ★☆☆ 쉬움

알아두기

근대는 컨테이너에서 잘 자라며 약한 서
리나 여름의 약한 더위쯤은 잘 견딘다.
적응력이 매우 뛰어나며, 해충이 비교
적 없는 편이라 기르기가 쉽다. 상추, 무,
콩, 브로콜리, 타임 등과 혼식하기 좋다.

근대 기르는 방법

컨테이너 크기
특소형(또는 그보다 큰 것).

심는 시기
봄의 마지막 서리일 2~3주 전에 심기 시작한다.

시도해 볼 만한 품종
소엽종, 서양종 백경근대, 스위스 차드, 루비 레드(적근대).

심는 형태
씨앗이나 모종. 모종은 크기가 작은 것으로 골라야 성공할 확률이 높다.

심는 방법
씨앗은 깊이 1센티미터, 15~20센티미터 간격으로 심는다. 각 씨앗은 사실 몇 개의 씨앗들이 모인 다발과 같다. 싹이 7.5~10센티미터로 자라면 각 구멍마다 하나씩만 남기고 솎아낸다. 잎을 더 크게 키우고 싶다면 각 싹 사이에 30센티미터쯤 간격을 둔다. 모종은 기존에 심겼던 화분에서와 같은 깊이로 15~20센티미터 간격을 두어 심는다.

빛
충분한 햇빛이나 부분 그늘.

물
식물이 확실히 자리를 잡을 때까지 물을 잘 주고, 그 후에는 규칙적으로 물을 준다.

양분
재배기 동안 한두 번 정도 유기질 액비를 주면 좋다.

수확 시기
높이가 15~20센티미터로 자라면 수확한다. 반복 수확 방식으로 바깥쪽 잎을 수확한다.

Tips

• 근대 중심부에서 추대가 형성되면 맛이 덜해지므로 전체를 뽑아낸다.

당근 Carrots

맛과 질감이 좋고 적응력이 높은 뿌리채소로,
거의 모든 기후에서 컨테이너에 심으면 잘 자란다.

- **성숙 일수**
  60~100일
- **크기**
  높이와 너비 15~30센티미터
- **난이도**
  ★★☆ 중간

알아두기

당근은 단독으로 심거나, 무처럼 빨리 자라는 다른 뿌
리채소와 심는 것이 가장 좋다. 당근 씨앗은 발아까
지 10일이 걸리며, 싹이 날 때까지 촉촉하게 유지되
어야 한다. 날씨가 더우면 섬유질이 많아지며,
서리를 맞으면 맛이 더 좋아지기도
한다. 토마토, 상추,
차이브, 양파, 무,
세이지 등과 혼식하기
좋다.

당근 기르는 방법

컨테이너 크기
소형(또는 그보다 큰 것). 깊이가 최소 20센티미터는 되어야 하며, 25~30센티미터쯤 되면 더욱 좋다.

1 심는 시기
봄의 마지막 서리일 3주 전에 심기 시작한다. 3주마다 당근을 연속해서 심으면 계속 수확할 수 있다. 대부분의 기후에서 가을에도 심을 수 있다.

시도해 볼 만한 품종
시그마, 양면, 신흑전, 조은, 무쌍 등이 일반적이며, 미니 당근이나 노랑 당근, 보라 당근 등도 있다.

심는 형태
씨앗을 컨테이너에 직접 심는다.

심는 방법
작은 씨앗들을 1센티미터 남짓한 간격으로 떨어뜨려 조심히 심은 다음 흙으로 살짝 덮는다. 씨앗이 발아할 때까지 10일 정도 흙을 촉촉하게 유지한다. 싹이 10센티미터쯤 자라면, 잡아 뽑지 말고 꽃가위를 이용해 5센티미터 간격이 되도록 솎아낸다.

빛
충분한 햇빛이나 부분 그늘.

물
식물이 확실히 자리를 잡을 때까지 물을 잘 주고, 그 후에는 규칙적으로 물을 준다. 당근은 자동 급수 컨테이너에서도 잘 자란다.

양분
재배기 동안 한두 번 정도 유기질 액비를 주면 좋다.

수확 시기
줄기가 두껍고 길게 자랐을 때 당근 맨 윗부분 주위의 흙을 살살 파낸다. 당근이 색이 완전히 들고 손가락 크기 정도로 자랐다면 줄기를 모아 잡고 뽑아낸다. 몇 주 더 땅속에 두고 필요할 때 수확해도 된다.

Tips

• 수확한 후에는 줄기를 잘라내야 수분을 빼앗기지 않는다.

딜 *Dill*

서리 민감성 한해살이 허브로,
향긋한 잎과 씨앗을 얻기 위해 재배한다.

- **성숙 일수**
  40~60일(잎 수확), 85~115일(씨앗 수확)

- **크기**
  높이 45~120센티미터(품종에 따라 다름),
  너비는 보통 30센티미터

- **난이도**
  ★☆☆ 쉬움

알아두기

딜은 따뜻한 흙을 좋아하며, 무당벌레와 풀잠자리
같은 유익한 곤충들을 유인한다. 양배추, 상추, 양
파, 오이 등과 혼식하기 좋다.

딜 기르는 방법

컨테이너 크기
소형(또는 그보다 큰 것). 긴 곧은뿌리를 내리므로 깊이가 최소 30센티미터인 컨테이너에서 가장 잘 자란다.

심는 시기
봄의 마지막 서리일 후에 심기 시작한다. 이상적인 흙의 온도는 18~21도이다. 3주마다 연속해서 심으면 잎을 계속 수확할 수 있다.

시도해 볼 만한 품종
펀리프(높이가 15~20센티미터밖에 안 되는 소형종으로, 추대가 느리고 컨테이너에서 기르기 좋음), 부케(큰 꽃과 피클용 씨앗을 얻기 좋음).

심는 형태
씨앗. 모종을 심을 경우에는 작은 것을 선택한다(심었을 때 적응을 더 잘함). 딜은 씨앗부터 재배해야 추대가 생길 확률이 적다.

심는 방법
씨앗은 0.3~0.5센티미터 깊이로 컨테이너에 직접 심는다. 싹이 나면 10센티미터 간격으로 솎아낸다. 모종은 기존 화분에 심겼던 것과 같은 깊이로 10센티미터 간격을 두고 이식하되, 뿌리를 아주 주의해서 다루어야 한다.

빛
충분한 햇빛.

물
식물이 확실히 자리를 잡을 때까지 물을 잘 주고, 그 후에는 흙의 윗부분 약 3센티미터가 말랐을 때 물을 준다.

양분
추가로 양분을 줄 필요가 없다.

수확 시기
12~15센티미터 높이로 자라면 잎을 수확한다. 딜이 어느 정도 크기 전에는 잎을 너무 많이 잘라내지 않는다. 씨앗은 녹색에서 갈색으로 막 변할 때 수확해야 가장 맛이 좋다.

Tips

- 꽃이 피도록 두면 유익한 곤충들을 유인한다.
- 실내 재배를 위한 팁: 딜을 기르기에 이상적인 실내 온도는 15~26도이다. 딜은 크게 자라므로 실내에서 기를 때에는 펀리프 같은 왜성종을 선택한다. 보조 조명을 15센티미터쯤 떨어진 곳에 설치하고, 타이머를 설정해 10~11시간 동안 빛을 받도록 한다. 물을 줄 때마다 식물을 돌려주어 고르게 성장하도록 한다. 물은 흙의 윗부분이 말랐을 때 준다.

딸기 | Strawberries

작게 자라고 철이 짧은 여러해살이 식물로,
달콤한 선홍색 열매를 먹는다.

- 성숙 일수
  심은 뒤 1년까지
- 크기
  높이와 너비 15~30센티미터
- 난이도
  ★★☆ 중간

알아두기

딸기를 컨테이너에서 재배하는 것은 열매
를 해충이 있는 땅에서 떼어놓을 수 있다는
점에서 좋은 선택이다. 딸기의 잎과 꽃은
크라운(관부)이라 불리는 중심부로부터 자
라난다. 더운 여름 기후에서는 딸기를 기
르기가 더 어렵다. 딸기의 종류는 중일성(수확
량이 비교적 적으나 연중 수확할 수 있고 땅으로
뻗는 덩굴줄기의 수가 적어서 컨테이너에서 기르기 좋
음), 사계성(수확량이 봄에는 비교적 많고 여름에는 그
보다 적음, 컨테이너에서 기를 수 있음), 일계성(초여름
에 한 번 다량으로 수확하며 컨테이너에 어울리지 않음)으로
나눌 수 있다. 시금치와 혼식하기 매우 좋다.

딸기 기르는 방법

컨테이너 크기
소형(또는 그보다 큰 것). 깊이가 최소 20센티미터는 되어야 한다. 딸기용 자동 급수 컨테이너를 사용해도 좋다.

심는 시기
봄의 마지막 서리일 4주 전에 심기 시작한다.

시도해 볼 만한 품종
고슬(중일성, 컨테이너에서 기르기 좋음), 설향(일계성, 한국에서 가장 일반적인 품종), 고하(사계성)

심는 형태
모종. 선호하는 수확 방식을 고려하여 병에 강한 품종을 선택한다

심는 방법
크라운이 흙 표면에 자리 잡도록 심는다. 크라운을 흙으로 덮으면 썩을 수 있으니 덮지 않는다. 모종들 사이에 25센티미터 간격을 둔다.

빛
충분한 햇빛. 무더운 기후에서는 부분 그늘.

물
식물이 확실히 자리를 잡을 때까지 물을 잘 주고, 그 후에는 규칙적으로 물을 준다. 딸기는 뿌리가 얕아서 꾸준한 수분 공급이 필요하다. 오야나 자동 급수 컨테이너를 이용해도 잘 자란다. 열매가 맺힐 때에는 물이 더 많이 필요할 수 있다. 뿌리 덮개를 해주어 수분을 유지한다.

양분
재배기 동안 2주마다 유기질 액비를 주면 좋다.

수확 시기
딸기가 선홍색을 띠고 윤기가 흐르고 단단해지면 줄기가 1센티미터쯤 붙은 채로 자른다(잡아당기지 않는다). 아침에 수확해야 가장 맛이 좋다. 색이 어두워지고 무르기 시작하면 너무 익은 것이다. 덜 익은 딸기는 따고 나면 더 이상 익지 않는다.

Tips

- 그물이나 망사 천으로 딸기를 덮어 새들로부터 보호하는 게 좋다. 대부분의 딸기 품종에서는 러너(땅 위로 뻗어나가며 복제 식물을 만드는 줄기)가 자라난다. 러너를 잘라주어 그것의 생산에 소모되는 에너지를 본래 식물에 이용할 수 있도록 하는 것이 가장 좋다. 딸기는 3~4년마다 다시 심는다.

레몬그라스 Lemongrass

잎이 납작한 대형 호온성 열대 식물로,
레몬 향이 나는 두꺼운 줄기와 뿌리를 얻기 위해 재배한다.

- **성숙 일수**
  모종 상태에서부터 30~60일

- **크기**
  높이와 너비 60센티미터(또는 그 이상,
  컨테이너 크기에 따라 달라짐)

- **난이도**
  ★ ☆ ☆ 쉬움

알아두기

레몬그라스의 줄기는 번식을 하므로 고온성
기후에서는 몇 년마다 포기 나누기를 해준
다. 레몬그라스는 빠른 속도로 컨테이너에 넘
치도록 자라므로 단독으로 심는 것이 가장 좋다.

레몬그라스 기르는 방법

컨테이너 크기
중형(또는 그보다 큰 것). 깊이가 25센티미터는 되어야 한다.

심는 시기
봄의 마지막 서리일 후에 심기 시작한다.

시도해 볼 만한 품종
보통 요리용 품종 한 가지이다.

심는 형태
모종.

심는 방법
모종을 처음 화분에서와 같은 깊이로 60센티미터 간격을 두고 이식한다.

빛
충분한 햇빛.

물
식물이 확실히 자리를 잡을 때까지 물을 잘 주고, 그 후에는 규칙적으로 물을 준다. 레몬그라스는 자동 급수 컨테이너에서도 잘 자란다.

양분
재배기 동안 2주마다 한 번씩 유기질 액비를 주면 좋다.

수확 시기
필요할 때마다 각각의 줄기를 흙 높이에서 자른다. 잘라낸 자리에서는 새 줄기가 자라난다. 전체의 3분의 1 이상을 한꺼번에 수확하지 않는다. 잎을 다듬고 바깥 껍질을 벗기면 요리에 이용할 수 있는 부드럽고 하얀 심이 나온다.

Tips

• 추운 기후에서는 실내에서 기르면 겨울 동안 식물을 살릴 수 있다. 레몬그라스는 습한 상태를 좋아한다. 식물 주변 습도를 올리려면 잎에 물을 뿌린다.

로즈메리 Rosemary

늘 푸른 호온성 여러해살이 식물로, 은빛이 도는
향긋한 바늘 모양 잎을 얻기 위해 재배한다.

- **성숙 일수**
  모종 상태에서부터 60일(새순이 날 때)

- **크기**
  높이와 너비 60~90센티미터
  (컨테이너 크기에 의해 제한됨)

- **난이도**
  ★ ☆ ☆ 쉬움

알아두기

지중해 연안이 원산지인 로즈메리는 덥고 건조하고 궂은 날
씨에 익숙하다. 로즈메리를 재배할 때 가장 까다로운 부
분은 물 주기이다. 물을 너무 많이 주면 썩고, 너무 적게 주
면 말라 죽는다. 점토 화분이나 다공성 화분을 사용해 뿌리
에 공기가 통하게 하면 썩는 일을 막을 수 있다. 세이지, 브
로콜리, 케일, 콜라비, 무, 타임 등과 혼식하기 좋다.

로즈메리 기르는 방법

컨테이너 크기
특소형(또는 그보다 큰 것).

심는 시기
봄의 마지막 서리일 후 심기 시작한다. 이상적인 흙의 온도는 21~24도이다.

시도해 볼 만한 품종
터스컨 블루, 고리치아.

심는 형태
모종. 잎의 냄새를 맡아보고 원하는 향으로 선택한다. 씨앗은 발아가 매우 느리다.

심는 방법
모종 하나를 기존 화분에 심겼던 것과 같은 깊이로 심는다.

빛
충분한 햇빛.

물
식물이 확실히 자리를 잡을 때까지 물을 잘 주고, 그 후에는 흙의 윗부분 약 3센티미터가 살짝 말랐을 때 물을 준다. 로즈메리를 기를 때에는 반드시 물 빠짐이 잘되도록 해야 한다. 화분 밑에 받침이 있다면 물을 준 뒤에 비우도록 한다.

양분
재배기 초에 유기질 액비를 주면 좋다.

수확 시기
잎을 자주 수확해 새잎들이 자라나도록 한다. 전체의 3분의 1 이상을 한꺼번에 수확하지 않는다. 꽃이 피기 직전이 가장 맛이 좋다. 꽃은 계속 따주어야 생산량을 늘릴 수 있다.

Tips

- 크게 자라지 않았을 때 가지 끝부분을 잘라주면 더 무성하게 자란다. 영하 4도 이하에서는 얼 수 있으므로 추운 기후에서는 겨울에 실내로 들여놓는다.

- **실내 재배를 위한 팁:** 로즈메리 재배에 이상적인 실내 온도는 12~26도이다. 보조 조명을 약 12센티미터쯤 떨어진 곳에 설치하고, 타이머를 설정해 12시간 동안 조명을 받도록 한다. 물은 흙의 윗부분 약 3센티미터가 말랐을 때에만 준다. 실내에서 재배할 때는 유약을 바르지 않은 테라 코타 화분에 심는 것이 가장 좋다.

루콜라 *Arugula*

성장이 빠른 저온성 잎채소로, 잎이 부드럽고 맵싸한 맛이 난다.
아루굴라 또는 로켓으로도 불린다.

- 성숙 일수
  35~50일

- 크기
  높이와 너비 15~30센티미터

- 난이도
  ★☆☆ 쉬움

알아두기

루콜라는 컨테이너에서 기르기에 좋은 식물이다. 온
도가 따뜻하면 루콜라에 추대가 형성되어 꽃이 피
게 된다. 추대가 되면 루콜라의 맛이 강해져 쓴맛이
더 심하다. 잎과 꽃은 모두 먹을 수 있다. 비트, 양
파, 당근, 오이, 시금치 등과 혼식하기 좋다.

루콜라 기르는 방법

컨테이너 크기

특소형(또는 그보다 큰 것).

심는 시기

봄의 마지막 서리일 후에 심기 시작한다. 가을에 다시 심어 겨울에 수확할 수 있도록 한다. 재배기 동안에는 2~3주마다 루콜라 씨앗을 연속해서 심으면 언제든 신선한 루콜라를 얻을 수 있다.

시도해 볼 만한 품종

와일드 루콜라(잎이 작고 순한 맛이 난다), 로켓(가장 흔한 품종).

심는 형태

씨앗.

심는 방법

씨앗을 0.5센티미터 깊이로 2.5~7.5센티미터 간격을 두고 심는다. 싹은 15센티미터 간격이 되도록 솎아낸다.

빛

충분한 햇빛이나 부분 그늘. 날씨가 더울 때는 그늘을 만들어 주어야 수확기를 연장시키고 추대를 방지할 수 있다.

물

식물이 확실히 자리를 잡을 때까지 물을 잘 주고, 그 후에는 규칙적으로 물을 준다. 루콜라는 오야나 자동 급수 컨테이너를 이용해도 잘 자란다.

양분

추가로 양분을 줄 필요가 없다.

수확 시기

잎이 10~15센티미터가 되면 수확한다. 밑동을 잘라 전체를 수확하거나, 바깥쪽 잎을 한 장씩 딴다. 속에서 새잎이 계속 자라날 것이다.

Tips

• 벼룩 잎벌레가 루콜라를 망쳐놓을 수 있다. 텃밭 부직포로 덮어두어 피해를 막도록 한다. 부록 1의 '유기농 해충 방제 방법'들을 참고한다.

마늘 Garlic

파과 알뿌리 식물로 일찍 수확해 순한 맛의 풋마늘로 먹거나,
더 기다렸다가 수확한다.

- 성숙 일수
  60일(풋마늘), 8개월까지(마늘)

- 크기
  높이 45~60센티미터, 너비 7.5~10센티미터

- 난이도
  ★☆☆ 쉬움

알아두기

마늘은 컨테이너에 기르기에 알맞은 식물이다. 과실수, 토마
토 등과 혼식하기 좋다. 완두나 콩은 함께 심지 않는다.

마늘 기르는 방법

컨테이너 크기
특소형(또는 그보다 큰 것). 깊이가 최소 15 센티미터는 되어야 한다.

심는 시기
마늘을 수확하려면 (대부분의 지역에서) 가을에 심고, 풋마늘을 수확하려면 초봄에 심는다.

시도해 볼 만한 품종
소프트넥 품종은 장기간 보관이 가능하며, 여름에 덥고 겨울에 포근한 지역에서 잘 자란다. 하드넥 품종은 추운 기후에서 가장 잘 자란다.

심는 형태
마늘쪽.

심는 방법
마늘쪽을 낱개로 분리한 다음 각 쪽을(뾰족한 쪽이 위를 향하도록) 깊이 7.5센티미터에, 2.5~5센티미터(풋마늘) 또는 15센티미터(마늘) 간격을 두고 심는다.

빛
충분한 햇빛.

물
새잎이 돋아날 동안에는 물을 잘 준다. 잎이 지기 시작하면 물을 덜 주어도 된다. 오야나 자동 급수 컨테이너를 이용해도 잘 자란다.

양분
재배기 동안 격주로 유기질 액비를 주면 좋다.

수확 시기
심은 뒤 4~5주가 지나 줄기가 길게 자라나면 전체를 다 뽑아 풋마늘을 수확한다. 거의 모든 잎이 갈색으로 변하면 마늘을 수확한다. 이때에는 뽑기보다는 모종삽으로 마늘을 파낸다.

Tips

• 마늘은 대부분의 작물과 혼식하기 좋다(콩, 완두, 세이지, 파슬리는 제외). 다른 채소 주위에 마늘을 조금 심어두면 해충을 막는 데 도움이 된다.

말라바시금치 *Malabar Spinach*

다육 식물처럼 생긴 큰 잎이 나며 성장이 빠른 호온성 덩굴 식물로,
무더운 여름에 시금치 대용으로 재배한다.

- 성숙 일수
  75일

- 크기
  온난한 지역에서 덩굴이 3미터 이상 빠르게 자람

- 난이도
  ★ ☆ ☆ 쉬움

알아두기

말라바시금치는 성장이 빠르고 고온에서
잘 자라지만, 건조한 것을 싫어한다.
생으로 먹으면 후추, 레몬 맛이 난다.
말라바시금치에는 오크라와 비슷한 점
액질이 있다. 컨테이너에 심으면 금세
넘칠 만큼 자라므로 단독으로 심는 것이
가장 좋다.

말라바시금치 기르는 방법

컨테이너 크기
대형(또는 그보다 큰 것). 깊이가 최소 30센티미터는 되어야 한다.

심는 시기
봄의 마지막 서리일 후, 흙의 온도가 18~29도일 때 심기 시작한다.

시도해 볼 만한 품종
바셀라 루브라(녹색 잎, 연분홍색 꽃, 보라색 덩굴), 바셀라 알바(녹색 잎, 흰색 꽃, 녹색 덩굴).

심는 형태
씨앗, 모종, 꺾꽂이용 줄기.

심는 방법
씨앗은 0.5센티미터 깊이에 30센티미터 간격으로 심는다. 모종은 기존 화분에 심겼던 것과 같은 깊이로, 30센티미터 간격을 두어 심는다. 꺾꽂이를 할 때에는 줄기를 약 15센티미터로 자른 뒤 원하는 곳에 직접 심는다. 이때 물을 잘 주어야 뿌리가 형성된다. 꺾꽂이용 줄기는 먼저 물속에서 뿌리를 내린 뒤에 심는 방법도 있다.

빛
충분한 햇빛이나 부분 그늘. 부분 그늘에서 자란 잎들이 더 크다.

물
식물이 확실히 자리를 잡을 때까지 물을 잘 주고, 그 후에는 규칙적으로 물을 준다. 마르지 않도록 한다. 흙을 촉촉하게 유지해야 최상의 맛을 낼 수 있다. 오야나 자동 급수 컨테이너를 이용해도 잘 자란다.

양분
추가로 양분을 줄 필요가 없다.

수확 시기
충분히 자라면 원하는 만큼 잎과 순을 수확한다. 새로 난 잎이 가장 맛이 좋다.

Tips

• 말라바시금치는 거의 모든 컨테이너에서 빠른 속도로 크게 자란다. 꾸준히 손질하고 자주 수확하며 덩굴이 타고 오를 트렐리스를 설치하도록 한다. 스스로 씨를 잘 뿌리므로, 발아된 뒤에는 순지르기를 하고 불필요한 싹은 파낸다.

무화과나무 Fig Tree

가지가 여러 개 나는 호온성 낙엽수로, 물방울 모양의
달콤한 열매를 먹는다.

- 성숙 일수
  심은 뒤 3년까지

- 크기
  높이와 너비 180~240센티미터

- 난이도
  ★★☆ 중간

알아두기

무화과나무는 컨테이너에서 잘 자란다. 땅에 심은
무화과나무는 크게 자라는 반면, 컨테이너에서 기르
면 성장이 느리다. 따뜻한 기후와 햇빛이 드는 곳을
좋아한다.

무화과나무 기르는 방법

I□ 컨테이너 크기
특대형(또는 그보다 큰 것). 너비와 깊이가 최소 60센티미터는 되어야 한다. 절반으로 자른 위스키 숙성 통을 쓰면 좋다. 추운 기후에서는 흙을 채우기 전에 컨테이너를 손수레 위에 올려두면 1년 중 가장 추운 시기에 보호받을 수 있는 곳으로 옮겨둘 수 있다.

1 심는 시기
봄, 서리가 내리는 시기가 지난 뒤.

시도해 볼 만한 품종
블랙 미션(따뜻한 지역에서 기르기 좋음), 라타룰라(비교적 서늘한 기후에서 기르기 좋음).

심는 형태
맨뿌리묘나 포트묘목. 뿌리가 육묘 컨테이너 안에 둥글게 말리지 않았는지 확인한다. 잎이 짙은 녹색을 띠는 건강한 나무를 고른다.

심는 방법
컨테이너에 흙을 절반쯤 채운 다음 뿌리를 펼친 맨뿌리묘를 심을 자리에 놓는다. 화분에 심긴 것을 옮겨 심을 때는 뭉친 뿌리를 살살 풀어주되, 분형근이 다치지 않게 한다. 컨테이너에 기존 화분에 심겼던 것과 같은 높이로 흙을 채운다. 근원부는 묻히지 않게 한다.

☼ 빛
충분한 햇빛. 온난한 기후에서는 하루 중 가장 더운 시간에 그늘이 필요할 수도 있다.

◊ 물
심을 때 물을 잔뜩 준다. 흙을 잘 관찰하다가 윗부분 2.5~5센티미터가 말랐을 때만 물을 주되, 줄 때는 빈틈없이 흠뻑 준다. 자주 조금씩 물을 주면 뿌리가 잘 발달하지 못한다.

⊙ 양분
재배를 시작할 때, 그리고 열매가 열리기 시작하면 2~3주마다 한 번씩 유기질 액비를 주는 것이 좋다.

수확 시기
무화과는 껍질이 부드럽고 색이 녹색에서 노란색, 갈색으로 변하면 다 익은 것이다(색은 품종에 따라 다를 수 있음). 무화과는 한 번의 재배기에 수확을 두 번 하는 경우가 많다. 첫 수확물은 재배기 중반에 전년도 가지에 열리며, 가을에는 당해에 자라난 가지에서 수확한다.

Tips

• 겨울에 기온이 영하 6도 이하로 내려가는 지역에서는 무화과나무가 동면에 들어가면(잎이 떨어지면) 보호받을 수 있는 곳이나 실내로 옮긴다. 봄이 되면 다시 밖에 내놓는다.

민트 *Mint*

여러해살이 내한성 허브로, 향긋한 잎을 얻기 위해 재배한다.

- **성숙 일수**
  이식 후 30일, 또는 새순이 나고 전체 높이가
  10~15센티미터일 때
- **크기**
  높이 15~60센티미터, 너비 약 45센티미터
- **난이도**
  ★ ☆ ☆ 쉬움

알아두기

민트는 재배가 쉽다. 민트의 땅속줄기는 급속히 퍼지며 뿌리를 내리고 싹을 틔운다. 컨테이너에 단독으로 재배하거나 다른 민트 품종들과 함께 심는 것이 가장 좋다. 보통 추운 겨울에는 죽었다가 봄에 다시 살아난다.

민트 기르는 방법

컨테이너 크기
특소형(또는 그보다 큰 것).

심는 시기
봄의 마지막 서리일 후 심기 시작한다. 이상적인 흙의 온도는 12~21도이다.

시도해 볼 만한 품종
페퍼민트, 스피어민트(키가 비교적 작고 조밀하다), 애플민트, 초콜릿민트.

심는 형태
모종. 잎의 냄새를 맡아보고 원하는 향으로 선택한다.

심는 방법
모종을 기존 화분에 심겼던 것과 같은 깊이로, 30~45센티미터 간격(컨테이너가 충분히 크다면)을 두어 심는다. 여러 종류의 민트를 같이 심어도 된다.

빛
부분 그늘(특히 여름이 무더운 기후에서는).

물
식물이 확실히 자리를 잡을 때까지 물을 잘 주고, 그 후에는 규칙적으로 물을 준다. 오야나 자동 급수 컨테이너를 이용해도 잘 자란다.

양분
재배기 초에 유기질 액비를 주면 좋다.

수확 시기
잎을 자주 수확해 새잎들이 자라나도록 한다. 전체의 3분의 1 이상을 한꺼번에 수확하지 않는다.

Tips

- 꽃을 잘라내야 성장에 도움이 된다. 몇 년에 한 번씩 포기 나누기를 해준다. 속이 나무처럼 단단해지면 뽑아내고 새로 심는다.
- 실내 재배를 위한 팁 : 민트 재배에 이상적인 실내 온도는 18~21도이다. 보조 조명을 설치하고 타이머를 설정해 12~13시간 동안 간접 조명을 받도록 한다. 물을 줄 때마다 식물을 돌려주어 고르게 성장하도록 한다. 촉촉함이 고르게 유지되도록 하고, 추가적인 습기 공급을 위해 며칠에 한 번씩 물을 뿌려준다.

바질 *Basil*

다양하게 이용되는 고온성, 방향성 허브로 잎을 얻기 위해 재배한다.

- **성숙 일수**
  모종을 심으면 30일, 씨앗을 심으면 60~90일
- **크기**
  높이와 너비 30~60센티미터(품종에 따라 다름)
- **난이도**
  ★☆☆ 쉬움

알아두기

바질은 추위에 민감해 10도 미만의 온도를 좋아하지 않는다. 토마토, 고추 등과 혼식하기 좋다. 컨테이너에 심을 때는 조밀한 품종을 고르도록 한다.

바질 기르는 방법

▯ 컨테이너 크기
특소형(또는 그보다 큰 것).

1 심는 시기
바질이 잘 자라려면 따뜻한 흙이 필요하다. 봄의 마지막 서리일 후에 심는다. 심기에 가장 좋은 흙의 온도는 18~21도이다.

시도해 볼 만한 품종
제노베제(페스토로 만들기에 가장 좋음), 시나몬, 미세스 번즈 레몬, 타이, 홀리.

심는 형태
씨앗이나 모종. 씨앗부터 재배하면 여러 품종을 시험해 볼 수 있다.

심는 방법
씨앗을 0.5센티미터 깊이로 5~10센티미터 간격을 두고 심는다. 싹이 날 때까지 씨앗을 촉촉하게 유지한다. 키가 5~7.5센티미터가 되면, 15~30센티미터 간격이 되도록 솎아낸다(품종에 따라 다름). 모종을 심을 때는 모종 화분에서와 같은 깊이로 심되, 각 모종 사이에 약 30센티미터의 간격을 둔다.

☀ 빛
충분한 햇빛. 무더운 여름철 기후에는 그늘을 만들어주면 잎이 더 크게 난다.

◊ 물
식물이 확실히 자리를 잡을 때까지 물을 잘 주고, 그 후에는 바질이 살짝 마를 때까지 기다렸다가 물을 주면 풍미가 좋아진다.

⚬ 양분
재배기 동안 유기질 액비를 한두 번 주면 좋다.

⚚ 수확 시기
키가 10~15센티미터가 되면 언제든 잎을 수확한다.

Tips

- 바질이 10~15센티미터쯤 자랐을 때 마주 난 잎들 바로 위를 순지르기 해주어야 새잎이 잘 나고 무성하게 자란다. 최고의 맛을 유지하고 성장을 도우려면, 꽃이 나게 두면 안 된다. 꽃이 날 때마다 마주 난 잎들 바로 위를 잘라준다.

- **실내 재배를 위한 팁:** 바질 재배에 이상적인 실내 온도는 24~29도이다. 식물에서 약 5~10센티미터 떨어진 곳에 보조 조명을 설치하고, 14~18시간 동안 빛을 받도록 타이머를 맞춘다. 모종의 줄기가 긴 경우에는 빛을 더 많이 받아야 한다(장소를 바꾸거나 조명을 더 가까이에 둔다). 촉촉함이 고르게 유지되도록 한다.

보리지 *Borage*

예쁜 파란색 꽃과 회색이 도는 잎을 가진 큰 한해살이 허브.
꽃과 잎에서는 순한 오이 맛이 난다.

- 성숙 일수
  씨앗 상태에서부터 50~60일

- 크기
  높이 60~90센티미터, 너비 30~50센티미터,
  컨테이너 크기에 따라 크기가 한정됨

- 난이도
  ★☆☆ 쉬움

알아두기

보리지는 벌과 다른 이로운 곤충들을 유
인한다. 크게 자라므로 컨테이너에 단
독으로 재배한다. 자연파종을 잘한다. 그
늘, 햇빛, 척박한 땅, 가뭄 등을 잘 견딘
다. 보리지 곁에 별도의 컨테이너를 이용해
심어두기 좋은 식물로는 딸기와 과실수 등이
있다.

보리지 기르는 방법

컨테이너 크기
소형(또는 그보다 큰 것)

심는 시기
봄의 마지막 서리일 후에 심는다. 이상적인
흙의 온도는 약 21도이다.

시도해 볼 만한 품종
일반 보리지, 알바(흰색 꽃).

심는 형태
씨앗. 보리지는 큰 곧은뿌리를 내리므로 씨
앗을 직접 심는 것이 가장 좋다.

심는 방법
씨앗을 0.5~1센티미터 깊이로 컨테이너에
직접 심는다. 싹이 몇 센티미터가 되면 하나
만 남기고 솎아낸다.

빛
충분한 햇빛.

물
식물이 확실히 자리를 잡을 때까지 물을 잘
주고, 그 후에는 흙의 윗부분이 살짝 마를
때까지 기다렸다가 물을 준다. 보리지는 물
을 많이 줄수록 더 크게 자란다.

양분
추가로 양분을 줄 필요가 없다.

수확 시기
새로 난 잎을 털이 생기기 전에 수확한다.
꽃은 새로 필 때마다 바로 따주어야 생산량
을 늘릴 수 있다.

Tips

• 15센티미터쯤 자랐을 때 순지르기를 해주면 꽃이 더 많이 피고 무성해진다. 새순이 잘 나도록 규
칙적으로 원하는 크기로 다듬어준다. 재배기가 끝날 무렵에는 꽃을 몇 송이 남겨두어야 씨앗을
보존할 수 있다. 보리지 씨앗은 시들어 떨어진 꽃 속에서 생겨난다. 씨앗이 검게 변하면 채집한다.

브로콜리 *Broccoli*

추위에 잘 견디는 호냉성 배춧과 식물로,
꽃봉오리와 줄기를 먹는다.

- 성숙 일수
  씨앗 상태에서부터 100~150일, 모종 상태에서부터 55~80일
- 크기
  높이와 너비 45~60센티미터
- 난이도
  ★☆☆ 쉬움

알아두기

브로콜리는 크게 자란다. 컨테이너에서 잘 자랄 수
있는 조밀한 품종으로 고르도록 한다. 서늘한 날씨에
자란 브로콜리는 따뜻한 날씨에 자란 것에 비해 단
맛이 더 강하다. 딜, 캐모마일, 세이지, 비트, 양파
등과 혼식하기 좋다.

브로콜리 기르는 방법

▯ 컨테이너 크기
중형(또는 그보다 큰 것). 컨테이너의 깊이가 최소 25~30센티미터는 되어야 한다.

1 심는 시기
봄의 마지막 서리일 5주 전에 심기 시작한다. 브로콜리는 여러 기후에서 가을에도 심을 수 있다.

◊◊ 시도해 볼 만한 품종
얼리유(빨리 익는 품종), 크린코메트, 녹령.

심는 형태
씨앗이나 모종. 종묘장에서 모종을 고를 때에는 줄기가 짧고 잎이 촘촘히 난 것을 고른다.

심는 방법
씨앗을 0.5센티미터 깊이로 7.5센티미터 간격을 두고 심는다. 싹이 5~7.5센티미터 간격으로 떨어져 있을 때쯤 30~50센티미터 간격이 되도록 솎아낸다. 모종은 30~50센티미터 간격으로, 기존 화분에 심겼던 것보다 좀 더 깊이 심되 잎은 흙에 묻히지 않도록 한다.

☀ 빛
충분한 햇빛.

◊ 물
식물이 확실히 자리를 잡을 때까지 물을 잘 주고, 그 후에는 규칙적으로 물을 준다. 오야나 자동 급수 컨테이너를 이용해도 잘 자란다.

⊙⊙ 양분
심은 뒤 3~4주 지나서부터 매주 유기질 액비를 주면 좋다.

⅄ 수확 시기
브로콜리 머리가 단단하게 꽉 차고, 송이들이 짙은 녹색을 띠고 벌어지지 않을 때 수확한다. 노란색이 되면 너무 오래 기다린 것이다. 온도가 꾸준히 24도 이상인 시기가 되기 전에 수확한다. 아침에 따야 가장 맛이 좋다. 잘 드는 칼을 이용해 머리 아래 12~20센티미터 지점을 비스듬히 자른다. 비스듬히 자르면 남은 줄기에 물이 고이지 않고 빠지게 할 수 있다. 대부분의 브로콜리 품종은 원줄기를 수확한 뒤에 그보다 작은 곁줄기들이 자라난다. 곁줄기들은 2~3주 뒤에 수확한다.

Tips

• 배추벌레, 거염벌레, 달팽이, 민달팽이 같은 벌레들이 어린 브로콜리를 망칠 수 있다. 부록 1의 '유기농 해충 방제 방법'을 참고한다.

블루베리 *Blueberries*

추위에 강한 다년생 관목으로, 즙이 많은 짙푸른 열매 송이들
주위로 윤이 나는 타원형 잎들이 나있다.

- 성숙 일수
  심은 뒤 최대 3년

- 크기
  높이와 너비 60~150센티미터(품종에 따라 다름)

- 난이도
  ★★★ 어려움

알아두기

블루베리는 컨테이너에서 잘 자란다. 다른 식물
과 딴꽃가루받이를 해야 수확량이 늘어나는 경우가
많다. 블루베리는 산성 토양에서 더 잘 자라므로 영
양토에 피트 모스를 첨가하거나 호산성 식물용으로 배
합된 영양토를 사용하도록 한다. 또 일정 기간 동안 추
운 온도에 있어야(저온 요구 시간) 과실을 맺는다. 사는
지역과 기후에 맞는 컨테이너나 왜성종으로 선택하면
된다.

블루베리 기르는 방법

컨테이너 크기

특대형. 너비와 깊이가 최소 60센티미터는 되어야 한다. 절반으로 자른 위스키 숙성 통이 블루베리를 기르기에 안성맞춤이다. 흙을 채우기 전에 컨테이너를 손수레 위에 올려두면 추운 계절 동안 보호받을 수 있는 곳으로 옮겨놓을 수 있다.

심는 시기

봄. 서리가 내리는 시기가 지난 뒤.

시도해 볼 만한 품종

탑햇(컨테이너 재배에 알맞고 추운 지역에서 잘 자람), 얼리블루(추위에 강함), 선샤인블루(수형이 조밀한 품종으로 온난한 기후에서도 잘 자람).

심는 형태

맨뿌리묘나 포트묘. 줄기가 여러 개인 건강한 것으로 고른다.

심는 방법

컨테이너에 흙을 반쯤 채운다. 맨뿌리묘를 뿌리가 잘 펼쳐지도록 하여 심을 자리에 놓는다. 다른 화분에서 꺼내서 심을 때에는 분형근이 손상되지 않도록 살살 흩뜨린다. 컨테이너에 기존 화분에 심겼던 것과 같은 높이로 흙을 채운다. 근원부는 묻히지 않도록 한다.

빛

충분한 햇빛. 온난한 기후에서는 하루 중 가장 더운 시간에 햇빛을 가려주어야 할 수도 있다.

물

블루베리는 꾸준한 수분 공급을 필요로 하지만 그렇다고 물이 고여 있게 해서는 안 된다. 물 빠짐이 잘되는 흙은 블루베리 재배의 필수 조건이므로, 물 빠짐 구멍이 많이 나있는 컨테이너를 사용하도록 한다. 뿌리 덮개(솔잎, 이끼, 나무껍질 등)를 얇게 깔아두면 흙이 마르는 것을 막을 수 있다.

양분

재배기에는 매달 호산성 식물용 비료를 주도록 한다.

수확 시기

열매가 초록색에서 짙푸른색으로 변한다. 잘 익은 블루베리는 너무 시지 않으면서 달콤한 맛이 나야 한다. 블루베리 열매가 익는 데는 2~3주가 걸린다.

Tips

• 블루베리를 심고 나서 1~2년 정도는 꽃을 따주는 게 뿌리 성장과 식물 건강에 도움이 된다. 블루베리가 익기 직전에 망사 천이나 방조망으로 컨테이너를 싸주면 새들로부터 열매를 보호할 수 있다. 아주 추운 기후에서는 온도가 영하로 떨어지는 경우에 바람이 불지 않는 곳으로 컨테이너를 옮겨 뿌리를 보호하도록 한다. 매년 봄에는 죽은 가지들을 살짝 쳐내면 좋다.

비트 *Beets*

색이 화려한 저온성 작물로, 알뿌리와 맛 좋은 잎을 먹는다.

- 성숙 일수
  45~65일

- 크기
  높이 30센티미터, 너비 7.5~10센티미터

- 난이도
  ★ ☆ ☆ 쉬움

하나의 비트 '씨앗'에는 사실 많은 씨앗들이 모여 있다. 비트는 무더기로 자라나므로 5~7.5센티미터쯤 자라면 솎아주어야 한다. 비트는 병해충이 거의 없다. 날씨가 더우면 나무처럼 딱딱해지거나 메마른다. 콜라비, 상추, 콩 등과 혼식하기 좋다.

비트 기르는 방법

컨테이너 크기
소형(또는 그보다 큰 것). 컨테이너의 깊이가 최소 25~30센티미터는 되어야 한다.

심는 시기
봄의 마지막 서리일 3~4주 전에 심기 시작한다. 비트는 대부분의 기후에서 가을에도 심을 수 있다. 재배기 동안에는 2~3주마다 비트 씨앗을 연속해서 심으면 언제든 신선한 비트를 얻을 수 있다.

시도해 볼 만한 품종
얼리 원더(비트와 잎의 크기가 작음), 골든(노란색 비트), 치오가(줄무늬 품종).

심는 형태
씨앗. 싹을 이식할 수도 있다.

심는 방법
씨앗을 1센티미터 깊이로 7.5~10센티미터 간격을 두고 심는다. 싹이 날 때까지 씨앗을 촉촉하게 유지한다. 싹은 분리해 7.5~10센티미터 간격을 두고 심는다.

빛
충분한 햇빛이나 부분 그늘.

물
식물이 확실히 자리를 잡을 때까지 물을 잘 주고, 그 후에는 규칙적으로 물을 준다. 비트가 마르지 않도록 한다. 오야나 자동 급수 컨테이너를 이용해도 잘 자란다.

양분
재배기 동안 매주 유기질 액비를 주면 좋다.

수확 시기
어리고 연한 잎을 언제든 수확한다. 비트는 지름이 약 3.5센티미터일 때 수확하면 가장 맛이 좋다.

Tips

• 상한 잎은 그때그때 따준다. 비트는 빨리 자라야 맛이 좋다. 꾸준히 촉촉하게 유지하고 규칙적으로 비료를 주면 최고의 맛을 낼 수 있다. 비트를 손질할 때는 줄기 2.5센티미터를 남겨야 '출혈'을 막을 수 있다.

상추 Lettuce

잎을 먹기 위해 재배하는 저온성 작물로
잎상추, 로메인, 양상추, 버터헤드 등이 있다.

- **성숙 일수**
  21~50일

- **크기**
  높이와 너비 15~30센티미터

- **난이도**
  ★ ☆ ☆ 쉬움

알아두기

상추는 컨테이너에서 기르기에 아주 좋은 식물로, 보통은 땅에 심는 것보다 더 잘 자란다. 상추, 특히 잎상추는 빨리 자란다. 날씨가 덥거나 건조하면 상추는 추대가 생기기 쉽고 쓴맛이 난다. 온난한 기후에서 기를 때에는 내열성 품종들로 선택한다. 양파, 무, 당근 등과 혼식하기 좋다.

상추 기르는 방법

⬜ 컨테이너 크기
특소형(또는 그보다 큰 것).

1️⃣ 심는 시기
봄의 마지막 서리일 4주 전에 심기 시작한다. 2주마다 연속해서 심으면 계속 수확할 수 있다. 온난한 기후에서는 가을에 다시 심는다.

🌿 시도해 볼 만한 품종
청상추, 적상추, 로메인, 버터헤드.

🌱 심는 형태
씨앗이나 모종. 모종은 작은 것으로 골라야 좋은 결과를 얻을 수 있다. 모종을 이식하면 씨앗을 심을 때보다 추대가 더 빨리 되는 경향이 있다.

📇 심는 방법
씨앗은 약 1센티미터 간격으로 뿌린 뒤 흙으로 덮는다. 발아될 때까지 씨앗을 마르게 하지 않는다. 잎상추는 간격이 약 10센티미터, 로메인과 버터헤드는 간격이 15~20센티미터가 될 때까지 싹을 솎아내 새싹 채소로 사용한다. 모종은 기존에 심겼던 화분에서와 같은 깊이로 이식하되, 간격은 품종에 따라 달리한다.

☀️ 빛
충분한 햇빛이나 부분 그늘.

💧 물
식물이 확실히 자리를 잡을 때까지 물을 잘 주고, 그 후에는 규칙적으로 물을 준다. 상추는 뿌리가 얕기 때문에 물을 자주 주어 마르지 않게 한다. 물은 잎이 아닌 흙에 준다. 오야나 자동 급수 컨테이너를 이용해도 잘 자란다.

⚙️ 양분
재배기 동안 한두 번 정도 유기질 액비를 주면 좋다.

🌾 수확 시기
상추가 반쯤 자라면 필요할 때마다 바깥쪽 잎들을 수확한다. 전체를 수확할 때에는 가위를 이용해 흙 위로 1센티미터 지점을 자른다.

Tips

• 상추는 물을 상시 이용할 수 있는 자동 급수 컨테이너에서 재배하면 잘 자란다.

생강 *Ginger*

여러해살이 호온성 열대 허브로, 대나무 잎처럼 생긴 잎과
향긋한 뿌리줄기를 먹는다.

- 성숙 일수
  8~10개월

- 크기
  높이 60~120센티미터, 너비 60~90센티미터

- 난이도
  ★★☆ 중간 또는 어려움(기후에 따라 다르나
  온난한 기후에서 더 기르기 쉬움)

알아두기

생강은 재배기가 길고 따뜻해야 잘 자란다. 서늘한 기후
에서는 가을의 첫 서리일 10개월 전에 실내에서 미리 싹을
틔운 다음, 봄에 날씨가 따뜻해지면 밖에 심는다. 강황과
생강은 재배 조건이 비슷하므로 근처에 같이 심기 좋다.

생강 기르는 방법

컨테이너 크기
중형(또는 그보다 큰 것). 깊이가 최소 30센티미터는 되어야 한다.

심는 시기
봄, 서리가 내리는 시기가 지난 뒤.

시도해 볼 만한 품종
소생강(수분이 적고 매운맛이 강하다), 중생강, 대생강(육질이 연하고 매운맛이 적다).

심는 형태
뿌리줄기. 색이 밝고 껍질이 얇으며, 울퉁불퉁한 혹들이 난 토실토실하고 단단한 유기농 생강을 고른다. 뿌리줄기를 5센티미터 길이의 조각들로 자르되, 각 조각에는 혹이 두세 개 포함되도록 한다. 심기 전에 자른 단면을 건조시킨다.

심는 방법
전기 매트 위에 지름 약 9센티미터 크기의 화분을 놓고, 뿌리줄기를 5센티미터 깊이로 심어 미리 싹을 틔운다. 따뜻하고 약간 젖은 상태로 유지한다(질척하면 썩을 수 있음). 싹이 나면 밖에 심을 수 있을 만큼 따뜻해질 때까지는 해가 드는 곳에 놓고 기른다. 1주 동안 점차 야외에 익숙해지도록 한 다음 더 큰 야외 컨테이너에 조심히 옮겨 심는다. 재배기가 긴 따뜻한 지역에서는 혹이 위를 향하게 하여 뿌리줄기들을 5~7.5센티미터 깊이에 15~20센티미터 간격으로 심는다.

빛
생강은 호온성 식물이긴 하지만 부분 그늘을 선호하며, 온난한 기후에서는 더욱 그렇다.

물
식물이 확실히 자리를 잡을 때까지 물을 잘 주고, 그 후에는 규칙적으로 물을 준다. 수분이 꾸준히 공급되어야 하지만 흙이 너무 축축하면 안 된다.

양분
재배기 동안 2주마다 한 번씩 해조류로 만든 액비를 주면 좋다.

수확 시기
잎이 노랗게 되면서 시들 때쯤이나 가을의 첫 서리일 전에 수확한다. 흙을 파내 뿌리줄기를 조심히 수확한다. 또는 컨테이너를 손수레에 엎어 뿌리줄기를 거둬들여도 된다.

Tips

• 온도가 10도 아래로 내려가면, 아직 수확할 때가 안 된 생강은 실내로 들여놓는다. 실내에서 재배하는 경우에는 기온을 따뜻하게 유지하고 햇빛에 노출시키거나 보조 조명을 설치한다. 생강 재배에 이상적인 실내 온도는 약 24도이다.

세이지 *Sage*

여러해살이 내한성 허브로, 향긋하고 벨벳 같은 잎을 얻기 위해 재배한다.
각종 소를 만들 때나 감칠맛 나는 요리들에 없어서는 안 될 허브이다.

- 성숙 일수
  이식 후 30~60일, 새순이 날 때
- 크기
  높이와 너비 30~60센티미터
- 난이도
  ★ ☆ ☆ 쉬움

알아두기

지중해 연안이 원산지인 이 허브는 따뜻하고
건조한 환경을 좋아한다. 습도가 높은 기후에
서는 한해살이처럼 재배되며, 가을마다 식용
가능한 꽃을 피운다. 세이지는 덥고 축축한 흙을
견디지 못해 썩을 수 있다. 로즈메리, 당근, 브로
콜리, 케일, 콜라비 등과 혼식하기 좋다. 오이나
양파 가까이에는 심지 않는다.

세이지 기르는 방법

컨테이너 크기
특소형(또는 그보다 큰 것).

심는 시기
봄의 마지막 서리일 후 심기 시작한다. 이상적인 흙의 온도는 15도이다.

시도해 볼 만한 품종
파인애플, 핫립, 트라이컬러(보라색, 흰색, 녹색 잎). 손가락으로 잎을 비벼서 냄새를 맡아보고 원하는 품종으로 선택한다.

심는 형태
모종. 잎의 냄새를 맡아보고 원하는 향으로 선택한다.

심는 방법
모종을 기존에 심겼던 화분에서와 같은 깊이로, 60센티미터 간격을 두어 심는다.

빛
충분한 햇빛, 무더운 기후에서는 부분 그늘.

물
식물이 확실히 자리를 잡을 때까지 물을 잘 주고, 그 후에는 흙의 윗부분 약 3센티미터가 살짝 말랐을 때 물을 준다.

양분
재배기 동안 한두 번 유기질 액비를 주면 좋다.

수확 시기
첫 해에는 잎을 하나씩 떼서 수확한다. 그다음 해부터는 필요한 만큼 줄기를 잘라 수확한다.

Tips

- 봄마다 단단해진 줄기들을 잘라낸다. 포기 나누기 하여 몇 년마다 다시 심는다.
- 실내 재배를 위한 팁: 세이지 재배에 이상적인 실내 온도는 12~26도이다. 보조 조명을 약 12센티미터쯤 떨어진 곳에 설치하고, 타이머를 설정해 12시간 동안 조명을 받도록 한다. 물은 흙의 윗부분 약 3센티미터가 말랐을 때에만 준다. 실내에서 재배할 때는 유약을 바르지 않은 테라 코타 화분에 심는 것이 가장 좋다.

셀러리 *Celery*

장기성 호냉성 채소로, 줄기와 잎을 먹는다.

- **성숙 일수**
  120~150일
- **크기**
  높이 30~45센티미터, 너비 15~30센티미터
- **난이도**
  ★★☆ 중간

알아두기

집에서 기른 셀러리는 풍미가 진하고 맛있다. 셀러리는 덥거나 추운 온도에 예민하여 추대가 생기거나 씨앗을 맺을 수 있다. 셀러리가 잘 자라려면 꾸준한 수분 공급과 비옥한 흙이 필요하다. 컨테이너에 단독으로 심으면 가장 잘 자란다.

셀러리 기르는 방법

컨테이너 크기
소형(또는 그보다 큰 것).

심는 시기
셀러리는 4개월간은 서늘한 날씨에서 자라야 한다. 추운 지역에서는 봄의 마지막 서리일 4주 전에 심는다. 따뜻한 지역에서는 늦여름이나 가을에 심는다.

시도해 볼 만한 품종
탱고, 유타.

심는 형태
모종을 심어야 가장 빠른 수확을 거둘 수 있다. 씨앗은 발아되기까지 오랜 시간이 걸린다. 셀러리 토막을 잘라 심어도 되지만, 이것 역시 모종을 심을 때보다 시간이 더 오래 걸리고 줄기도 그만큼 크지 않는 경우가 많다.

심는 방법
모종을 기존 화분에 심겼던 것과 같은 깊이로, 15~20센티미터의 간격을 두고 이식한다.

빛
충분한 햇빛. 비교적 온난한 기후에서는 부분 그늘.

물
식물이 확실히 자리를 잡을 때까지 물을 잘 주고, 그 후에는 규칙적으로 물을 준다. 마를 때까지 두지 않는다. 오야나 자동 급수 컨테이너를 이용해도 잘 자란다.

양분
재배기 동안 2주마다 한 번씩 농도 50퍼센트의 유기질 액비를 주면 좋다.

수확 시기
필요할 때마다 바깥쪽 줄기를 하나씩 떼어 수확한다. 셀러리 줄기는 계속 자라난다. 줄기 전체를 수확하려면 잘 드는 칼을 이용해 흙 바로 아래의 밑동을 가로로 잘라준다. 셀러리는 더우면 쓴맛이 날 수 있으므로 온도가 21도가 넘기 전에 수확한다.

Tips

• 물을 열심히 주도록 한다. 물을 충분히 주지 않은 셀러리는 줄기가 비거나 씹기 힘들 정도로 섬유질이 많을 수 있다.

시금치 *Spinach*

서리에 잘 견디는 맛 좋은 잎채소로, 잎을 먹는다.

- **성숙 일수**
  30~50일
- **크기**
  높이와 너비 15~30센티미터
- **난이도**
  ★★☆ 중간

알아두기

시금치는 서늘한 날씨에서 잘 자란다. 덥거나 건조한 날씨에서는 추대가 빨리 형성된다. 초봄이나 가을에 재배하는 것이 가장 좋다. 잎이 매끈한 것과 주름진 것이 있다. 딸기는 시금치와 혼식하기 매우 좋은 식물이다.

시금치 기르는 방법

컨테이너 크기
소형(또는 그보다 큰 것). 깊이가 최소 20센티미터는 되어야 한다.

심는 시기
봄의 마지막 서리일 8주 전에 심기 시작하고 가을에 다시 심는다. 겨울이 포근한 지역에서는 겨울 내내 재배할 수 있다.

시도해 볼 만한 품종
동양계 품종(추대가 빠르고 내한성이 강하다), 서양계 품종(추대가 늦어 봄부터 여름에 재배한다).

심는 형태
씨앗. 이식은 잘되지 않는다.

심는 방법
씨앗을 깊이 1센티미터, 2.5센티미터 간격으로 심는다. 새싹 채소로 수확할 때에는 7.5센티미터 간격으로 솎고, 완전한 크기로 기를 때는 15센티미터 간격으로 솎아낸다.

빛
충분한 햇빛이나 부분 그늘. 날씨가 따뜻할 때에는 그늘에 두면 생산량이 늘어난다.

물
식물이 확실히 자리를 잡을 때까지 물을 잘 주고, 그 후에는 규칙적으로 물을 준다. 꾸준한 수분 공급이 필요하다. 뿌리 덮개를 해주어 수분을 유지한다. 오야나 자동 급수 컨테이너를 이용해도 잘 자란다.

양분
재배기 동안 2주마다 유기질 액비를 주면 좋다.

수확 시기
잎의 길이가 7.5~10센티미터가 되면 시금치 아랫부분의 바깥쪽 잎들을 수확한다. 안쪽 잎들은 자라게 둔다. 잎을 자주 따주면 새잎이 잘 돋아난다. 온도가 올라가고 꽃봉오리가 생기면 곧 추대가 형성된다. 이때에는 전체를 수확한다.

Tips

- 시금치는 다량의 수분과 비옥한 토양을 공급받아 빨리 자랐을 때 가장 맛이 좋다. 잎이 납작한 것이 주름진 것보다 세척하기가 편하다.
- 실내 재배를 위한 팁: 시금치 재배에 이상적인 실내 온도는 4~24도이다. 보조 조명을 5~10센티미터 떨어진 곳에 설치하고, 타이머를 설정해 12시간 동안 조명을 받도록 한다. 촉촉함이 골고루 유지되도록 한다.

양배추 *Cabbage*

배춧과의 저온성 채소로, 두꺼운 잎이 층층이 나 있는 머리를 먹는다.

- **성숙 일수**
  씨앗 상태에서부터 80~180일, 모종 상태에서부터 65~105일
- **크기**
  높이 30~45센티미터, 너비 45~60센티미터
- **난이도**
  ★★☆ 중간

알아두기

양배추는 영하가 아닌 서늘한 날씨를 좋아
한다. 무더위나 심한 서리에 노출되면 결
구(잎이 여러 겹으로 겹쳐져 둥글게 속이 드
는 것)가 되지 않고 갈라지거나 추대가 생긴
다. 타임, 딜, 캐모마일, 세이지, 양파 등
과 혼식하기 좋다.

양배추 기르는 방법

컨테이너 크기
중형(또는 그보다 큰 것). 컨테이너의 깊이가 최소 25~30센티미터는 되어야 한다.

심는 시기
봄의 마지막 서리일 5주 전에 심기 시작한다. 양배추는 여러 기후에서 가을에도 심을 수 있다.

시도해 볼 만한 품종
사보이 에이스(조밀하고 곱슬곱슬한 품종), 얼리 저지 웨이크필드(조밀한 녹색 품종), 레드 에이커(조밀한 적색 품종).

심는 형태
씨앗이나 모종. 종묘장에서 모종을 고를 때에는 줄기가 짧고 녹색 잎이 촘촘히 난 작은 모종으로 고른다.

심는 방법
씨앗을 0.5센티미터 깊이로 7.5센티미터 간격을 두고 심는다. 싹이 5~7.5센티미터 간격으로 떨어져 있을 때쯤 30~50센티미터 간격이 되도록 솎아낸다. 모종은 30~50센티미터 간격으로, 기존에 심겼던 화분에서보다 좀 더 깊이 심되 잎은 흙에 묻히지 않도록 한다.

빛
충분한 햇빛.

물
식물이 확실히 자리를 잡을 때까지 물을 잘 주고, 그 후에는 규칙적으로 물을 준다. 오야나 자동 급수 컨테이너를 이용해도 잘 자란다. 거의 다 자랐을 때는 물 주기를 좀 줄여야 머리가 갈라지는 것을 막을 수 있다.

양분
심은 뒤 3~4주 지나서부터 매주 유기질 액비를 주면 좋다.

수확 시기
양배추 머리가 단단하게 잘 여물었을 때 잘 드는 칼로 밑동을 잘라 수확한다. 어리고 작은 양배추가 가장 맛이 좋다.

Tips

• 큰 아랫잎이 노랗게 변하면 잘라낸다. 배추벌레, 거염벌레, 달팽이, 민달팽이 같은 벌레들이 어린 양배추 잎을 망칠 수 있다. 부록 1의 '유기농 해충 방제 방법'을 참고한다.

여름 호박 *Summer Squash*

빨리 자라는 호온성 열매채소로, 열매는 어리고 연할 때 수확한다.

- 성숙 일수
  45~60일
- 크기
  높이와 너비 60~90센티미터, 품종에 따라 다름
- 난이도
  ★☆☆ 쉬움

알아두기

대부분의 겨울 호박 품종은 큰 덩굴 식
물로 컨테이너에서 잘 자라지 못한다.
컨테이너 텃밭용으로는 '비덩굴성'이나 '조밀
한' 품종의 여름 호박을 선택한다. 한련, 무
등과 혼식하기 좋다.

여름 호박 기르는 방법

컨테이너 크기
중형(또는 그보다 큰 것). 깊이가 최소 25센티미터는 되어야 한다.

심는 시기
호박은 흙이 따뜻해야 싹이 나고 잘 자란다. 봄의 마지막 서리일 후에 심기 시작한다. 흙의 온도가 21도 이상 되어야 발아가 더 빨리 된다.

시도해 볼 만한 품종
청방망이 주키니, 노란 주키니, 패티 팬.

심는 형태
씨앗.

심는 방법
씨앗 2~3개를 2.5센티미터 깊이로 심는다. 본잎이 나오면 가장 튼튼한 싹만 남기고 솎아낸다. 각 식물 사이에 60센티미터 간격을 둔다.

빛
충분한 햇빛.

물
식물이 확실히 자리를 잡을 때까지 물을 잘 주고, 그 후에는 규칙적으로 물을 준다. 꾸준한 수분 공급이 필요하다. 오야나 자동 급수 컨테이너를 이용해도 잘 자란다. 잎에 물이 묻지 않도록 해야 흰가룻병을 예방할 수 있다.

양분
재배기 동안 2~3주마다 인이 풍부한 비료를 주면 좋다.

수확 시기
여름 호박은 작고 연할 때 가장 맛이 좋다. 호박이 10~15센티미터 길이로 자랐을 때 잘 드는 칼로 주 덩굴이 아닌 줄기를 자른다. 호박이 커질수록 씨가 커지고 껍질이 딱딱해진다.

Tips

• 서늘한 기후에서는 재배 초기에 텃밭 부직포로 흙을 덮어 따뜻하게 한다. 봄에 흙이 데워지기를 기다리는 동안에는 상추, 무, 시금치 같은 저온성 작물들을 컨테이너에 심으면 좋다. 암꽃이 시들하고 벌에 의해 가루받이가 되지 않았다면, 수꽃(줄기가 길고 얇음)의 꽃가루를 암꽃(줄기가 둥글어 작은 열매처럼 보임)으로 옮기는 인공 가루받이를 시도한다. 열매를 자주 따주면 생산을 촉진하는 효과가 있다.

오레가노 *Oregano*

식용 가능한 꽃과 잎이 나는 여러해살이 호온성 허브이다.
향기롭고 톡 쏘는 잎은 주로 그리스와 이탈리아 요리에 많이 쓰인다.

- **성숙 일수**
  모종 상태에서부터 30일, 또는 새순이 나고
  전체 높이가 10~15센티미터가 되었을 때
- **크기**
  높이 30~60센티미터, 너비 45센티미터
- **난이도**
  ★☆☆ 쉬움

알아두기

오레가노는 민트과에 속하며 번식력이 강하다. 컨테이너에
서 단독으로 재배하는 것이 가장 좋으며, 특별한 관리가 없어
도 잘 자란다.

오레가노 기르는 방법

컨테이너 크기
특소형(또는 그보다 큰 것).

심는 시기
봄의 마지막 서리일 후 심기 시작한다. 이상적인 흙의 온도는 15~21도이다.

시도해 볼 만한 품종
그릭(향이 강함), 마저럼(오레가노와 비슷하나 맛이 비교적 순한 허브).

심는 형태
모종. 잎의 냄새를 맡아보고 원하는 향으로 선택한다.

심는 방법
모종을 기존에 심겼던 화분에서와 같은 깊이로 심는다.

빛
충분한 햇빛, 무더운 기후에서는 부분 그늘.

물
식물이 확실히 자리를 잡을 때까지 물을 잘 주고, 그 후에는 흙의 윗부분 약 3센티미터가 살짝 말랐을 때 물을 준다.

양분
재배기 초에 유기질 액비를 주면 좋다.

수확 시기
잎을 자주 수확해 새잎들이 자라나도록 한다. 전체의 3분의 1 이상을 한꺼번에 수확하지 않는다.

Tips

- 꽃을 잘라내야 성장에 도움이 된다. 몇 년에 한 번씩 포기 나누기를 해준다. 속이 나무처럼 단단해지면 뽑아내고 새로 심는다. 겨울에는 실내에 들여놓거나, 야외에서 겨울을 나게 하려면 뿌리 덮개를 잘 해준다. 식물을 건강하게 유지해야 진드기와 잎응애를 예방할 수 있다. 오레가노는 습기를 좋아하지 않는다.

- **실내 재배를 위한 팁:** 오레가노 재배에 이상적인 실내 온도는 12~26도이다. 보조 조명을 5~10센티미터쯤 떨어진 곳에 설치하고, 타이머를 설정해 12시간 동안 조명을 받도록 한다. 물을 줄 때마다 식물을 돌려주어 고르게 성장하도록 한다. 흙의 윗부분 약 3센티미터가 말랐을 때에만 물을 준다. 실내에서 재배할 때는 유약을 바르지 않은 테라 코타 화분에 심는 것이 가장 좋다.

오이 Cucumber

오이는 햇빛과 물을 무척 좋아하는 고온성, 덩굴성 작물이다.

- 성숙 일수
  50~70일

- 크기
  덩굴성: 높이와 너비 90센티미터 이상
  비덩굴성: 높이와 너비가 30~60센티미터

- 난이도
  ★ ☆ ☆ 쉬움

알아두기

오이를 기르려면 넉넉한 공간과 트렐리스가 필요하다. 컨테이너용, 비덩굴성, 또는 왜성 품종으로 선택한다. 콩, 완두, 무, 해바라기 등과 혼식하기 좋다.

오이 기르는 방법

컨테이너 크기
중형(또는 그보다 큰 것). 깊이가 최소 25센티미터는 되어야 한다.

심는 시기
봄의 마지막 서리일 1~2주 후, 흙 온도가 21도가 되었을 때 심기 시작한다.

시도해 볼 만한 품종
백오이, 취청오이, 가시오이 등이 일반적. 레몬(둥근 노란색 열매가 열리며 지지대가 필요함), 러스보이(피클용 미니 오이).

심는 형태
씨앗이나 모종. 모종은 녹색 잎이 촘촘히 나 있는 어린 것으로 고른다.

심는 방법
씨앗은 3개씩 2.5센티미터 깊이에 30센티미터 간격으로 심는다. 싹에 잎이 3장 났을 때 30센티미터 간격으로 싹 1개씩만 남도록 솎아낸다. 모종을 심을 때는 기존 화분에 심겼던 것과 같은 깊이로, 30센티미터 간격을 두고 이식한다.

빛
충분한 햇빛.

물
식물이 확실히 자리를 잡을 때까지 물을 잘 주고, 그 후에는 규칙적으로 물을 준다. 오야나 자동 급수 컨테이너를 이용해도 잘 자란다. 물이 부족하면 쓴맛이 나고 속이 빌 수 있으므로 마르도록 두지 않는다.

양분
재배기 동안 매주 유기질 액비를 주면 좋다.

수확 시기
오이가 아직 어리고 꽃이 떨어지지 않았을 때 수확하면 가장 맛이 좋다. 덩굴에 달린 오이를 너무 오래 두면 생산을 멈추라는 신호로 작용한다. 오이는 잡아당기지 말고 잘 라낸다.

Tips

• 뿌리 덮개를 덮어주면 컨테이너의 흙이 마르는 것을 막을 수 있다. 수꽃이 먼저 피며, 꽃자루가 둥글납작한 암꽃이 나중에 핀다. 암꽃이 열매를 맺지 않는다면 수꽃의 꽃가루를 암꽃에 묻히는 인공 가루받이를 고려하도록 한다. 잎에 물이 닿지 않게 해야 흰가룻병을 막을 수 있다. 병해가 문제된 적이 있다면 병에 강한 품종을 선택한다. 부록 1의 '유기농 해충 방제 방법'을 참고한다.

오크라 Okra

히비스커스처럼 생긴 꽃이 피는 키가 큰 고온성 채소로,
긴 깍지를 먹는다.

- **성숙 일수**
  50~65일
- **크기**
  높이와 너비 60~90센티미터
- **난이도**
  ★☆☆ 쉬움

알아두기

오크라의 꽃과 잎은 익혀서, 또는 생으로도 먹을 수 있다.
오크라는 아주 따뜻한 날씨에서 최소 60일을 보내야 잘
자란다. 비교적 서늘한 기후에서는 단기성 품종을 선택하
거나, 실내에서 씨앗을 틔우도록 한다. 고추, 가지 등과
혼식하기 좋다.

오크라 기르는 방법

⬛ 컨테이너 크기
중형(또는 그보다 큰 것). 깊이가 25~30센티미터는 되어야 한다.

📅 심는 시기
봄의 마지막 서리일 2주 후. 그리고 가을의 첫 서리일 최소 3개월 전에 심기 시작한다.

🌿 시도해 볼 만한 품종
레드호프(적색 오크라), 힐 컨트리 레드(붉은 빛이 도는 짧고 통통한 깍지), 베이비 부바 오크라(키가 작아 컨테이너에서 재배하기에 좋음).

🌱 심는 형태
씨앗.

📦 심는 방법
씨앗을 2센티미터 깊이에 약 15센티미터 간격으로 심는다. 이후에 30센티미터 간격으로 솎아낸다.

☀ 빛
충분한 햇빛.

💧 물
식물이 확실히 자리를 잡을 때까지 물을 잘 주고, 그 후에는 규칙적으로 물을 준다. 오크라는 오야를 이용해도 잘 자란다.

🔩 양분
추가로 양분을 줄 필요가 없다.

🌾 수확 시기
오크라에 꽃이 피면 3~4일 내에 수확이 가능한 상태가 된다. 깍지의 길이가 5~7.5센티미터일 때 수확하면 가장 맛이 좋다. 10센티미터 이상 되면 질겨서 못 먹는 단계로 넘어가기 시작한다.

Tips

• 오크라 깍지를 그대로 두면 생산이 줄거나 멈출 수 있으므로, 깍지가 자라나는 동안에는 매일 수확하도록 한다. 잡아당기면 식물에 해가 될 수 있으므로 항상 칼이나 가위로 잘라서 수확한다.

완두 Peas

서늘한 날씨를 좋아해 초봄에 심는 채소로, 기르기가 쉽다.

- 성숙 일수
  60~70일

- 크기
  높이 60~240센티미터, 너비 7.5~15센티미터
  (품종에 따라 다름)

- 난이도
  ★☆☆ 쉬움

알아두기

컨테이너에서 더 잘 자라는 왜성종으로 고른다. 완두가 타고 오를 수 있는 트렐리스를 설치한다. 당근, 순무, 적환무 등과 혼식하기 좋다. 양파나 마늘을 근처에 심지 않는다.

완두 기르는 방법

▯ 컨테이너 크기
중형(또는 그보다 큰 것).

☐ 심는 시기
봄의 마지막 서리일 5주 전에 심기 시작한다.

◊◊ 시도해 볼 만한 품종
스파클(껍질을 벗겨 먹는 일반 크기의 완두),
니무라헤이세이이찌고(껍질째 먹는 완두),
청진주.

✿ 심는 형태
씨앗.

▤ 심는 방법
트렐리스를 설치한 다음 씨앗을 2.5센티미터
깊이에 2.5~5센티미터 간격으로 트렐리스
양쪽에 심는다.

☼ 빛
충분한 햇빛이나 부분 그늘.

◊ 물
식물이 확실히 자리를 잡을 때까지 물을 잘
주고, 그 후에는 규칙적으로 물을 준다. 완
두는 오야나 자동 급수 컨테이너를 이용해
도 잘 자란다.

◦◦ 양분
재배기 동안 한두 번 정도 유기질 액비를
주면 좋다.

⚘ 수확 시기
어릴 때 수확하고, 자주 수확한다. 열린 완
두를 그대로 두면 성장이 느려지거나 생산
이 멈출 수 있다. 두 손으로 수확해야 완두
를 잡아당겨 덩굴을 상하게 하는 것을 막을
수 있다. 껍질을 벗겨 먹는 완두는 통통하되
안이 딱딱하지 않을 때 수확한다. 껍질째 먹
는 완두는 껍질이 납작하고 콩이 아직 크지
않았을 때 수확한다.

Tips ─────────────────────────────────

• 병에 강한 품종을 선택한다. 완두의 덩굴손은 보통 알아서 트렐리스를 찾지만, 그렇지 않은 경우
에는 덩굴손이 쉽게 타고 오를 수 있게 트렐리스에 올려준다.

적환무 *Radishes*

저온성 채소로 알뿌리를 먹는다. 크기와 색이 다양하다.
초보 가드너들이 재배하기에 더없이 좋은 작물이다.

- **성숙 일수**
  25~60일

- **크기**
  높이와 너비 15~30센티미터

- **난이도**
  ★☆☆ 쉬움

알아두기

적환무는 싹이 잘 나고 빨리 자라서 초보 가드너들이 처음으로 재배하기 좋다. 서늘한 날씨와 수분을 충분히 제공받으면 보다 순한 맛이 난다. 덥고 건조한 환경에서 자란 적환무는 질기고 맵다. 당근, 토마토처럼 느리게 자라는 채소들 사이에 적환무를 심으면, 다른 식물들이 크면서 공간을 필요로 하기 전에 먼저 수확할 수 있다. 비트, 당근, 오이, 호박, 시금치 등과 혼식하기 좋다.

적환무 기르는 방법

컨테이너 크기
특소형(또는 그보다 큰 것).

심는 시기
봄의 마지막 서리일 3주 전에 심기 시작한다. 가을에 심으려면 가을의 첫 서리일 4주 전에는 심도록 한다. 매주 연속해서 심으면 계속 수확할 수 있다.

시도해 볼 만한 품종
이스터 에그. 프렌치 브렉퍼스트. 워터멜론 래디시. 봄. 여름. 가을 등 작기별로 재배 가능한 품종이 다르므로, 이에 유의하여 선택한다.

심는 형태
씨앗.

심는 방법
씨앗을 1센티미터 깊이에 약 5센티미터 간격으로 심는다.

빛
충분한 햇빛이나 부분 그늘.

물
식물이 확실히 자리를 잡을 때까지 물을 잘 주고, 그 후에는 규칙적으로 물을 준다. 오야나 자동 급수 컨테이너에서도 잘 자란다.

양분
재배기 동안 한두 번 정도 유기질 액비를 주면 좋다.

수확 시기
크기가 작을 때 수확해야 가장 맛있다. 땅속에 오래 놔두면 갈라지거나 질기고 쓴맛이 날 수 있다.

Tips

• 수확한 뒤에는 잎과 줄기를 잘라내야 수분을 빼앗기는 일을 막을 수 있다.

제비꽃 _Viola_

비올라, 바이올렛, 팬지, 조니 점프 업 등을 아울러 일컫는다.
호냉성 한해살이 꽃들로, 잎이 하트 모양이며
식용 가능한 꽃은 그 색깔이 다양하다.

- 성숙 일수
  60~70일
- 크기
  높이와 너비 10~30센티미터
- 난이도
  ★☆☆ 쉬움

알아두기

제비꽃은 다른 식물들 사이에 끼워 심기가 용이
하고 대부분의 식물과 혼식하기 좋다. 보통 봄에
가장 먼저 꽃이 피며, 여름 더위에서 살아남으
면 늦가을에 또다시 꽃이 핀다. 더운 날씨에는 제
비꽃의 색이 바래거나 죽을 수 있다. 조니 점프 업
은 해마다 다시 씨를 뿌리곤 한다.

제비꽃 기르는 방법

컨테이너 크기
특소형(또는 그보다 큰 것).

심는 시기
봄의 마지막 서리일 후 심기 시작하거나, 두 번째 수확의 경우에는 가을에 심는다.

시도해 볼 만한 품종
헬렌마운트(트라이컬러 비올라).

심는 형태
씨앗이나 모종. 모종은 작은 것이 심었을 때 적응을 더 잘한다.

심는 방법
씨앗을 흙 위에 뿌린 뒤 흙을 0.5센티미터 두 께로 덮는다. 씨앗이 발아되기까지는 7~14일 이 걸린다. 싹이 날 때까지 흙을 촉촉하게 유 지한다. 싹은 약 20센티미터 간격으로 솎아낸 다. 모종은 기존 화분에 심겼던 것과 같은 깊 이로 약 20센티미터 간격으로 심는다.

빛
부분 그늘.

물
식물이 확실히 자리를 잡을 때까지 물을 잘 주고, 그 후에는 규칙적으로 물을 준다. 오 야나 자동 급수 컨테이너를 이용해도 잘 자 란다.

양분
재배기 동안 2주마다 한 번씩 농도 50퍼센 트의 유기질 액비를 주면 좋다.

수확 시기
필요에 따라 꽃을 딴다.

Tips

• 시든 꽃을 자주 제거해 주면 새 꽃이 더 잘 핀다. 여름에 잘라주면 가을에 다시 꽃이 핀다.

차이브 *Chives*

강인하며 기르기 쉬운 여러해살이 저온성 파과 허브로,
흙 속 알뿌리에서 자라는 양파 맛 녹색 줄기와 보라색 꽃을 먹는다.

- **성숙 일수**
  씨앗 상태에서부터 75~85일, 모종 상태에서부터 30일

- **크기**
  높이와 너비 30센티미터

- **난이도**
  ★☆☆ 쉬움

알아두기

차이브는 재배가 가장 쉬운 허브들 중 하나로
초보 가드너가 기르기에 좋다. 차이브는 대부
분의 지역에서 여러 해 동안 자란다. 추운 날
씨에는 녹색 부분이 죽을 수도 있지만, 봄이 되면
흙 속 알뿌리에서 새싹이 자라난다. 꽃을 포함
한 모든 부분은 식용이 가능하다. 파슬리, 당근,
상추, 완두, 오이 등과 혼식하기 좋다.

차이브 기르는 방법

⬜ 컨테이너 크기
특소형(또는 그보다 큰 것). 깊이가 최소 15 센티미터는 되어야 한다.

1️⃣ 심는 시기
봄의 마지막 서리일 후에 심기 시작한다. 이상적인 흙 온도는 15~18도이다.

🌱🌿 시도해 볼 만한 품종
파인 리프(일반적인 요리용 품종), 갈릭 차이브(부추를 말한다. 같은 파과이지만 마늘 맛이 나며 내열성이 더 강함).

🌼 심는 형태
씨앗이나 모종.

📇 심는 방법
씨앗 4~6개를 0.5센티미터 깊이에 15센티미터 간격으로 심는다. 싹이 날 때까지 씨앗을 촉촉하게 유지한다. 몇 센티미터로 자랐을 때 간격이 30센티미터쯤 되도록 한두 개만 남기고 솎아낸다. 모종은 기존 화분에 심겼던 것과 같은 깊이로, 30센티미터 간격을 두고 이식한다.

☀️ 빛
충분한 햇빛. 무더운 기후에서는 부분 그늘.

💧 물
식물이 확실히 자리를 잡을 때까지 물을 잘 주고, 그 후에는 규칙적으로 물을 준다. 물이 부족하면 끝부분이 갈색으로 변할 수 있다. 오야나 자동 급수 컨테이너를 이용해도 잘 자란다.

⚬⚬ 양분
수확기 동안 한 달에 한 번 유기질 액비를 준다.

🌿 수확 시기
줄기의 밑동 부분을 자르되, 3분의 1 이상 수확하지 않는다. 잘라낸 자리에서는 새순이 자라난다.

Tips

- 보통은 해충이 없다. 스스로 씨 뿌리는 일을 막으려면 꽃을 제거한다. 번식력이 강하며, 몇 년마다 포기 나누기를 해주면 쉽게 번식시킬 수 있다. 추운 지역에서는 겨울에 컨테이너를 실내에 들여놓거나 동면에 들도록 둔다. 너무 덥거나 추운 날씨에는 윗부분이 죽었다가 온도가 서늘하거나 따뜻해지면 다시 자라난다.

- 실내 재배를 위한 팁: 차이브를 기르기에 이상적인 실내 온도는 10~24도이다. 보조 조명을 15센티미터쯤 떨어진 곳에 설치하고, 타이머를 설정해 16~18시간 동안 빛을 받도록 한다. 물을 줄 때마다 식물을 돌려주어 고르게 성장하도록 한다. 물은 흙의 윗부분이 말랐을 때 준다. 추가로 습기를 주려면 며칠에 한 번씩 분무기로 물을 뿌려준다.

카렌듈라 *Calendula*

기르기 쉬운 한해살이 저온성 꽃으로, 데이지 같은 꽃잎이 나며
벌과 나비들을 유인한다. 카렌듈라 꽃잎은 생으로 샐러드에 넣거나
장식용으로 사용하며, 말려서 차로 마시기도 한다.

- 성숙 일수
  50~55일
- 크기
  높이와 너비 30~60센티미터
- 난이도
  ★☆☆ 쉬움

알아두기

금잔화라고도 불리는 카렌듈라는 피부에
바르는 연고를 만드는 데 사용된다. 꽃은 해
가 뜨는 낮에 피었다가 밤에는 오므라든다.
서늘한 것을 좋아하는 꽃으로 자연파종을 잘한
다. 진딧물 같은 해충들을 잡기 위한 덫 작물로
재배되기도 한다. 당근, 오이, 완두, 토마토 등
과 혼식하기 좋다.

카렌듈라 기르는 방법

컨테이너 크기
특소형(또는 그보다 큰 것).

심는 시기
봄의 마지막 서리일 후에 심기 시작한다.

시도해 볼 만한 품종
퍼시픽 뷰티(꽃이 큼), 오렌지 버튼(겹꽃이며 가운데가 어두운 색을 띰).

심는 형태
씨앗이나 모종. 모종은 작은 것이 심었을 때 더 잘 적응한다.

심는 방법
컨테이너에 씨앗을 약 0.5센티미터 깊이로 심는다. 발아될 때까지는 보통 7~10일이 걸린다. 높이가 2.5~5센티미터가 되면 15~30센티미터 간격이 되도록 솎아낸다. 모종은 기존 화분에 심겼던 것과 같은 깊이로 심되, 15~30센티미터 간격을 둔다.

빛
충분한 햇빛.

물
식물이 확실히 자리를 잡을 때까지 물을 잘 주고, 그 후에는 규칙적으로 물을 준다.

양분
추가로 양분을 줄 필요가 없다.

수확 시기
꽃잎이 펼쳐지기 시작하면 꽃을 수확한다. 줄기가 좀 붙어있는 상태로 따야 꽃이 흩어지지 않는다. 꽃잎만 먹고, 꽃의 가운데 부분은 먹지 않는다.

Tips

• 시든 꽃을 제거해야 더 많은 꽃이 핀다. 2~3주마다 연속으로 심으면 계속 수확할 수 있다.

캐모마일 *Chamomile*

고사리 같은 잎과 하얀 데이지 같은 꽃이 피는 한해살이 또는
여러해살이 허브. 꽃의 노란 가운데 부분을 수확해
진정 효과가 있는 차를 만드는 데 쓴다.

- **성숙 일수**
  60~65일
- **크기**
  높이와 너비 20~60센티미터(품종에 따라 다름)
- **난이도**
  ★☆☆ 쉬움

알아두기

캐모마일은 대부분의 다른 허브나 채소와 함께 심어도
잘 자란다. 캐모마일과 잘 어울리는 식물로는 양배추,
양파 등이 있다. 자연파종을 잘한다.

캐모마일 기르는 방법

컨테이너 크기
특소형(또는 그보다 큰 것).

심는 시기
저먼 캐모마일은 봄의 마지막 서리일 후에 심기 시작한다. 로만 캐모마일은 흙 온도가 7도가 될 때까지 기다렸다가 심는다.

시도해 볼 만한 품종
저먼 캐모마일(비교적 키가 큰 한해살이 캐모마일로, 차로 만들기에 가장 좋다), 로만 캐모마일(키가 작고 둥글넓적하게 자라는 여러해살이로, 지피 식물로 쓸 수 있다).

심는 형태
씨앗이나 모종. 모종은 작은 것을 심었을 때 더 잘 적응한다.

심는 방법
씨앗을 흙 위에 뿌린 뒤 살짝 누르되, 흙으로 덮지 않는다. 씨앗이 발아하기까지는 7~10일이 걸린다. 싹이 날 때까지 씨앗을 촉촉하게 유지한다. 싹들이 약 20센티미터 간격이 되도록 솎아낸다. 모종은 처음 화분에서와 같은 깊이로, 20센티미터 간격을 두고 이식한다.

빛
새로 심은 캐모마일은 뿌리가 자리를 잡을 때까지 부분 그늘에 있도록 한다. 그 이후에는 충분한 햇빛이나 부분 그늘에서 기른다.

물
식물이 확실히 자리를 잡을 때까지 물을 잘 주고, 그 후에는 규칙적으로 물을 준다. 오야나 자동 급수 컨테이너를 이용해도 잘 자란다.

양분
추가로 양분을 줄 필요가 없다.

수확 시기
하얀 꽃잎이 돌돌 말리기 시작하면 차 원료로 쓸 꽃을 수확한다.

Tips

• 꽃이 마르기 전에 하얀 꽃잎을 따야 노란 가운데 부분이 상하는 것을 막을 수 있다. 꽃의 가운데 부분을 쟁반에 펼친 다음 따뜻한 곳에서 며칠간 건조시킨다.

케일 Kale

기르기 쉬운 호냉성 잎채소. 건강에 좋고,
컨테이너에서도 아주 잘 자란다.

- **성숙 일수**
  60~90일
- **크기**
  높이와 너비 25~60센티미터, 품종에 따라 다름
- **난이도**
  ★ ☆ ☆ 쉬움

알아두기

케일은 서늘한 날씨를 선호하며 약한 서리는 케일의
맛을 오히려 좋게 만든다. 날씨가 따뜻하면 추대가
생길 수 있다. 비트, 양배추, 시금치, 근대 등과 혼식
하기 좋다.

케일 기르는 방법

컨테이너 크기
특소형(또는 그보다 큰 것).

심는 시기
봄의 마지막 서리일 3~4주 전에 심기 시작하고, 가을 수확을 위해서는 한여름에 다시 심는다. 여름이 무더운 지역에서는 가을과 겨울에 심는다. 재배기 동안 3주마다 연속해서 심으면 어린잎을 계속 수확할 수 있다.

시도해 볼 만한 품종
컬리, 라키나토, 레드 러시안.

심는 형태
씨앗이나 모종. 모종은 작은 것으로 고른다.

심는 방법
씨앗은 1센티미터 깊이에 약 10센티미터 간격으로 심는다. 싹이 나면 25~40센티미터 간격으로 솎아낸다. 솎아낸 케일은 새싹 채소로 이용한다. 모종은 첫 번째 잎이 난 곳까지 깊숙이 심는다.

빛
충분한 햇빛이나 부분 그늘.

물
식물이 확실히 자리를 잡을 때까지 물을 잘 주고, 그 후에는 규칙적으로 물을 준다. 오야나 자동 급수 컨테이너를 이용해도 잘 자란다.

양분
재배기 동안 한두 번 유기질 액비를 주면 좋다.

수확 시기
잎이 손바닥 크기 정도로 자랐을 때 바깥쪽 잎부터 한 장씩 수확한다. 케일은 속에서부터 새잎이 계속 난다. 큰 잎보다 작은 잎이 맛이 더 순하고 부드러우므로 잎이 어릴 때 딴다.

Tips

- 진딧물이 문제가 될 수 있다. 부록 1의 '유기농 해충 방제 방법'을 참고한다.
- 실내 재배를 위한 팁: 케일 재배에 이상적인 실내 온도는 21도이다. 보조 조명을 5~10센티미터쯤 떨어진 곳에 설치하고, 타이머를 설정해 14~16시간 동안 빛을 받도록 한다. 촉촉함이 고르게 유지되도록 한다.

콜라비 *Kohlrabi*

배춧과의 호냉성 알뿌리 채소로, 브로콜리와 비슷한 맛이 난다.

- 성숙 일수
  50~60일(씨앗), 45~60일(모종)

- 크기
  높이와 너비 30~45센티미터

- 난이도
  ★☆☆ 쉬움

알아두기

콜라비는 서늘한 온도를 선호하며 약한 서리
는 개의치 않는다. 수분을 촉촉하게 유지해 주어
야 최상의 맛과 질감을 느낄 수 있다. 콜라비와 잘 어
울리는 채소로는 비트, 브로콜리, 콜리플라워, 무, 양파
등이 있다.

콜라비 기르는 방법

컨테이너 크기
소형(또는 그보다 큰 것).

심는 시기
봄의 마지막 서리일 3~4주 전에 심기 시작한다. 여름이 무더운 지역에서는 가을에 심는다. 재배기 동안 2~3주마다 연속해서 심으면 계속 수확할 수 있다.

시도해 볼 만한 품종
퀵스타(생산이 빠름), 루비캡(보라색 품종).

심는 형태
씨앗이나 모종. 모종은 작은 것으로 골라야 성공 확률이 높다.

심는 방법
씨앗은 깊이 0.5센티미터, 2.5센티미터 간격으로 심는다. 싹이 5~7.5센티미터로 자라면 15센티미터 간격으로 솎아낸다. 모종은 기존 화분에 심겼던 것과 같은 깊이로 15센티미터 간격을 두고 이식한다.

빛
충분한 햇빛.

물
식물이 확실히 자리를 잡을 때까지 물을 잘 주고, 그 후에는 규칙적으로 물을 준다. 오야나 자동 급수 컨테이너를 이용해도 잘 자란다.

양분
재배기 동안 한두 번 유기질 액비를 주면 좋다.

수확 시기
알뿌리의 지름이 5센티미터쯤 됐을 때 수확하면 맛과 질감이 가장 좋다. 더 큰 알뿌리는 섬유질이 많아 질길 수 있다. 수확할 때는 잘 드는 칼로 흙 바로 윗부분을 자른다.

Tips

• 진딧물이 문제가 될 수 있다. 부록 1의 '유기농 해충 방제 방법'을 참고한다.

콜리플라워 *Cauliflower*

배춧과의 호냉성 채소로, 식용 가능한 머리 부분을
구성하는 하얀 꽃을 먹는다.

- 성숙 일수
  60〜100일

- 크기
  높이 30센티미터, 너비 45〜60센티미터

- 난이도
  ★★☆ 중간

알아두기

콜리플라워는 컨테이너에 단독으로 심을 때 가
장 잘 자란다. 너무 덥거나 너무 추운 환경을
싫어하기 때문에 다른 배춧과 채소들에 비해
서 재배하기가 까다로운 편이다. 콜리플라워
재배에 성공하려면, 최소 2개월간 선선한 날
씨(최적 온도는 15도)에서 성숙시켜야 한다.

콜리플라워 기르는 방법

▯ 컨테이너 크기
중형(또는 그보다 큰 것). 깊이가 25~30센티미터는 되어야 한다.

1 심는 시기
봄의 마지막 서리일 4주 전에 심기 시작한다. 콜리플라워는 여러 기후에서 가을에도 심을 수 있다(서리가 예상될 때는 위를 덮어준다).

시도해 볼 만한 품종
세락(흰색 품종), 그래피티(머리가 밝은 보라색), 체다(머리가 오렌지색).

심는 형태
씨앗이나 모종. 종묘장에서 모종을 고를 때에는 줄기가 짧고 잎이 촘촘히 난 것을 고른다.

심는 방법
씨앗을 0.5센티미터 깊이로 15센티미터 간격을 두고 심는다. 싹이 5~7.5센티미터 간격으로 떨어져 있을 때쯤 30~50센티미터 간격이 되도록 솎아낸다. 모종은 30~50센티미터 간격으로, 기존 화분에서보다 좀 더 깊이 심되 잎은 흙에 묻히지 않도록 한다. 모종은 뿌리가 다치지 않게 조심히 다룬다.

☀ 빛
충분한 햇빛이나 부분 그늘.

◌ 물
식물이 확실히 자리를 잡을 때까지 물을 잘 주고, 그 후에는 규칙적으로 물을 준다. 콜리플라워는 물을 고르게 주어야 하며, 스트레스를 받으면 추대가 생긴다. 마를 때까지 두지 않는다. 오야나 자동 급수 컨테이너를 이용해도 잘 자란다.

⋇ 양분
심은 뒤 3~4주 지나서부터 매주 유기질 액비를 주면 좋다.

⚘ 수확 시기
머리 너비가 약 15센티미터가 되고 꽃봉오리가 단단하게 여물되 피지 않았을 때 수확한다. 잘 드는 칼로 머리 아래 밑동을 잘라낸다.

Tips

• 일부 콜리플라워 품종들은 머리가 햇빛에 노출되면 변색될 수 있다. 이를 막으려면 콜리플라워 머리가 보이고 너비가 5센티미터쯤 되었을 때 바깥쪽 잎들로 머리를 감싼 다음 빨래집게로 집어둔다. 느슨하게 집어두어야 해충이나 성장 상태를 확인하거나, 비가 온 뒤에 머리 부분을 말릴 수 있다.

콩(비덩굴성) *Beans*

고온성 콩과 식물로, 연한 콩깍지를 먹는다.
열매가 많이 열리며, 컨테이너에서 재배하기가 쉽다.

- 성숙 일수
  50~55일

- 크기
  높이 15~30센티미터, 너비 30~46센티미터

- 난이도
  ★ ☆ ☆ 쉬움

알아두기

당근, 오이, 딸기 등과 혼식하기 좋다. 양파와는 함께 심지 말 것. 2주가 넘는 기간 동안 수확물을 생산하는데, 처음에 수확량이 더 많고 2주 뒤에는 그보다 적다.

콩 기르는 방법

컨테이너 크기
중형(또는 그보다 큰 것).

심는 시기
콩은 따뜻한 흙이 있어야 싹이 나고 잘 자란다. 봄의 마지막 서리일 후 심기 시작한다. 흙의 온도가 21~32도면 씨앗이 더 빨리 발아한다. 재배기 동안 2주마다 콩 씨앗을 연속해서 심으면 언제든 신선한 콩을 얻을 수 있다.

시도해 볼 만한 품종
그린빈, 롱빈.

심는 형태
씨앗을 흙에 직접 심는다. 콩은 이식이 잘되지 않는다.

심는 방법
씨앗을 2.5센티미터 깊이로 7.5~10센티미터 간격을 두고 심는다. 싹이 날 때까지 씨앗을 촉촉하게 유지한다.

빛
충분한 햇빛.

물
식물이 확실히 자리를 잡을 때까지 물을 잘 주고, 그 후에는 규칙적으로 물을 준다. 잎에 물이 닿지 않게 한다. 오야나 자동 급수 컨테이너를 이용해도 잘 자란다.

양분
재배기 동안 2주마다 한 번씩 농도 50퍼센트의 유기질 액비를 주면 좋다.

수확 시기
콩깍지가 단단하고 연필 굵기만 해지면 수확한다. 완전히 익지 않았을 때 따야 가장 맛이 좋다. 자주 수확하면 생산량이 늘며, 여문 콩을 그대로 두면 생산을 멈추라는 신호로 작용할 수 있다.

Tips

• 진딧물이 문제가 될 수 있다. 부록 1의 '유기농 해충 방제 방법'을 참고한다.

타임 *Thyme*

향기로운 풍미가 가득한 작은 잎들을 얻기 위해
재배하는 여러해살이 허브이다.

- 성숙 일수
  모종 상태에서부터 30~60일, 새순이 날 때

- 크기
  높이 15~20센티미터, 너비 25~30센티미터

- 난이도
  ★☆☆ 쉬움

알아두기

타임은 재배가 쉽고 컨테이너에서 아주 잘 자란다. 지중해산
허브라 덥고 건조한 환경을 잘 견딘다. 마른 타임은 직접 기른 생
타임의 풍미를 따라올 수가 없다. 양배추, 한련 등과 혼식하기
좋다.

타임 기르는 방법

ⅠⓉ 컨테이너 크기
특소형(또는 그보다 큰 것).

① 심는 시기
봄의 마지막 서리일 후 심기 시작한다. 이상적인 흙의 온도는 21도이다.

♀♀ 시도해 볼 만한 품종
크리핑 타임(키가 작음, 보라색 꽃), 레몬 타임(레몬향이 난다), 실버 타임.

✿ 심는 형태
모종. 잎의 냄새를 맡아보고 원하는 향으로 선택한다. 씨앗은 발아가 매우 느리다.

🗄 심는 방법
모종을 기존 화분에 심겼던 것과 같은 깊이로 심는다.

☼ 빛
충분한 햇빛. 무더운 기후에서는 부분 그늘.

◐ 물
식물이 확실히 자리를 잡을 때까지 물을 잘 주고, 그 후에는 흙의 윗부분 약 3센티미터가 살짝 말랐을 때 물을 준다.

✇ 양분
재배기 동안 2주마다 한 번씩 농도 50퍼센트의 유기질 액비를 주면 좋다.

⚑ 수확 시기
완전히 자리를 잡을 때까지는 조금씩만 자른다. 전체의 3분의 1 이상을 한꺼번에 수확하지 않는다. 꽃이 피기 직전에 가장 풍미가 좋다. 꽃을 따주어야 생산이 촉진된다.

Tips

- 서늘한 기후에서는 겨울에 뿌리 덮개를 잘 해준다. 봄마다 절반씩 솎아내면 새로 자라나는 데 도움이 된다. 몇 년이 지나면 딱딱해지고 향기도 덜해지므로 다시 심어야 한다.

- 실내 재배를 위한 팁: 타임 재배에 이상적인 실내 온도는 21도이다. 보조 조명을 약 5~10센티미터쯤 떨어진 곳에 설치하고, 타이머를 설정해 12시간 동안 조명을 받도록 한다. 물을 줄 때마다 식물을 돌려주어 고르게 성장하도록 한다. 물은 흙의 윗부분 약 3센티미터가 말랐을 때에만 준다. 실내에서 재배할 때는 유약을 바르지 않은 테라 코타 화분에 심는 것이 가장 좋다.

토마토 Tomatoes

가짓과에 속하는 호온성 식물로,
셀 수 없이 다양한 품종의 열매를 얻기 위해 재배한다.
집에서 기른 토마토의 뛰어난 맛 때문에 텃밭 가드너들의 사랑을 받는다.

- 성숙 일수
  모종 상태에서부터 50~80일
- 크기
  비덩굴성: 높이와 너비 90센티미터
  덩굴성: 높이 180~210센티미터, 너비 60센티미터
- 난이도
  ★★☆ 중간

알아두기

토마토가 잘 자라려면 많은 양의 흙, 물, 공
기, 햇빛이 필요하다. 해가 잘 드는 장소와 큰
컨테이너를 선정하고, 물을 많이 주도록 한다. 토마
토는 유한 생장형(어느 정도까지만 자라고 열매를 맺
음)과 무한 생장형(조건만 맞으면 생장과 열매 맺기
가 계속됨)으로 나뉜다. 유한 생장형이 컨테이너에서
기르기에 좋다. 병에 강한 품종, 비덩굴성, 컨테이너용
품종으로 선택한다. 바질, 당근, 양파, 파슬리, 마늘,
한련 등과 혼식하기 좋다.

토마토 기르는 방법

컨테이너 크기

대형(또는 그보다 큰 것). 통풍이 잘되도록 한 컨테이너에 하나의 모종만 심는 것이 가장 좋다. 컨테이너의 깊이와 너비가 60센티미터는 되는 것이 좋다.

심는 시기

봄에 서리가 내리는 시기가 지난 뒤 심기 시작한다. 봄에는 텃밭 부직포로 컨테이너를 덮어 흙을 따뜻하게 해준다. 온난한 기후에서는 늦여름이나 초가을에 한 번 더 심어 창턱에서 기를 수도 있다.

시도해 볼 만한 품종

로마, 골드 너겟, 앉은뱅이 방울토마토(낮게 자라 집 안에서 키우기 좋다).

심는 형태

모종.

심는 방법

잎이 짙은 녹색을 띠는, 작고 건강해 보이는 모종을 선택한다. 밑에서부터 3분의 2 지점까지 난 가지들을 제거한다. 뿌리와 줄기의 3분의 2가 묻힐 만큼 깊은 구멍을 판다. 땅속에 묻힌 줄기에서 뿌리들이 자라난다. 심을 때 트렐리스를 설치하면 나중에 뿌리를 상하게 할 일이 없다.

빛

충분한 햇빛.

물

꾸준하고 고르게 물을 준다. 식물이나 흙이 마르게 두지 않는다. 오야나 자동 급수 컨테이너를 사용하기에 아주 좋은 식물이다. 토마토는 매일 약 3.8리터의 물을 먹는다. 갈라짐이나 배꼽썩음병 같은 문제는 주로 물주기가 고르게 되지 않을 때 발생한다. 잎에 물이 닿으면 병의 원인이 될 수 있으므로 주의한다.

양분

재배기 동안 1~2주마다 한 번씩 해조류로 만든 액비를 주면 좋다.

수확 시기

식물을 그물이나 망사 천으로 덮어 새들로부터 보호한다. 익었는지 확인하는 가장 확실한 지표는 바로 색깔이다. 줄기를 잘라 수확한다.

Tips

• 트렐리스는 심을 때 설치한다. 케이지형이나 격자형이 토마토를 잘 지탱해 준다. 토마토 뿔벌레와 거염벌레는 손으로 떼어낸다. 부록 1의 '유기농 해충 방제 방법'을 참고한다. 밤 기온이 4도 이하로 내려갈 때에는 식물을 덮어주거나 열매를 제거한다.

파 Green Onions

줄기가 긴 백합과 파속 식물로, 알뿌리가 성숙하기 전에
수확하며 녹색과 흰색으로 된 줄기를 먹는다.

- 성숙 일수
  30~90일(심는 방법에 따라 다름)
- 크기
  높이 15~30센티미터, 너비 2.5~5센티미터
- 난이도
  ★ ☆ ☆ 쉬움

알아두기

파는 양파와 비슷하지만 재배 기간이 길지 않다. 스캘
리언과 스프링 어니언이 있으며, 모두 컨테이너에서 기르
기에 좋다. 파는 대부분의 작물들과 혼식하기 좋으며(콩,
완두, 세이지는 제외), 다른 채소 주위에 몇 개 심어두면
해충을 막는 데 도움이 된다.

파 기르는 방법

컨테이너 크기

특소형(또는 그보다 큰 것). 깊이가 최소 15센티미터는 되어야 한다.

심는 시기

봄의 마지막 서리일 2주 전에 심기 시작한다. 가을에 심으려면 씨앗을 가을의 첫 서리일 4주 전에는 심도록 한다.

시도해 볼 만한 품종

금장외대파. 흑대파.

심는 형태

씨앗, 모종(작은 파처럼 생김), 또는 알뿌리(작은 양파처럼 생김).

심는 방법

씨앗을 깊이 1센티미터, 2.5센티미터 간격으로 심는다. 모종은 깊이 2.5~5센티미터, 약 2.5센티미터 간격으로 이식한다. 알뿌리는 뾰족한 부분이 위를 향하도록 하여 깊이 1~2.5센티미터, 2.5~5센티미터 간격으로 심는다.

빛

충분한 햇빛이나 부분 그늘.

물

식물이 확실히 자리를 잡을 때까지 물을 잘 주고, 그 후에는 규칙적으로 물을 준다. 오야나 자동 급수 컨테이너를 이용해도 잘 자란다.

양분

재배기 동안 2주마다 한 번씩 유기질 액비를 주면 좋다.

수확 시기

줄기가 12~15센티미터로 자라고 연필 정도 두께가 되면 수확하기 시작한다. 수확은 한 번에 다 하거나, 필요할 때마나 각각 한다.

Tips

• 파 밑동에 흙을 두둑이 쌓아두면 햇빛을 가려주어 줄기의 흰 부분이 더 길어진다.

파라크레스 *Toothache Plant*

감귤 맛이 나는 잎이나 작은 젤리처럼 생긴 꽃을 씹으면
얼얼하고 감각이 마비되는 느낌이 나서 흔히 '치통 식물'이라고
불리는 호온성 꽃이다. 공식적인 명칭은 스필란테스이다.

- 성숙 일수
  60~90일
- 크기
  높이 30센티미터, 너비 45센티미터
- 난이도
  ★ ☆ ☆ 쉬움

알아두기

파라크레스는 컨테이너에서 매우 잘 자라며,
컨테이너 밖으로 넘치는 모습도 예쁘다. 서리를 견
디지 못하며 아주 따뜻한 날씨를 선호한다. 잎,
꽃, 꽃봉오리는 모두 식용 가능하다. 마취 효과가
가장 강한 부분은 꽃이다.

파라크레스 기르는 방법

컨테이너 크기
특소형(또는 그보다 큰 것).

심는 시기
봄의 마지막 서리일 후, 흙의 온도가 18~29
도일 때 심기 시작한다.

시도해 볼 만한 품종
불스아이(가운데가 붉은색), 레몬 드롭.

심는 형태
모종(구할 수 있을 경우)이나 씨앗.

심는 방법
모종은 기존 화분에 심겼던 것과 같은 깊이
로 15~30센티미터 간격을 두고 심는다. 씨
앗은 2~3개씩 흙 위에 15센티미터 간격으
로 뿌린 뒤 물을 살짝 준다. 덮지 않는다. 빛
이 들고 온도가 따뜻해야 싹이 튼다. 싹이
5~7.5센티미터로 자랐을 때 15~30센티미
터 간격으로 솎아낸다.

빛
충분한 햇빛.

물
식물이 확실히 자리를 잡을 때까지 물을 잘
주고, 그 후에는 규칙적으로 물을 준다. 꾸
준한 수분 공급이 필요하다. 오야나 자동 급
수 컨테이너를 이용해도 잘 자란다.

양분
재배기 동안 2주마다 한 번씩 해조류로 만
든 액비를 주면 좋다.

수확 시기
식물이 자리를 잡으면 잎을 딴다. 꽃은 언제
든 수확이 가능하다. 꽃을 따주면 더 많은
꽃이 핀다.

Tips

- 자라난 끝부분을 손으로 따주면 더 풍성하게 자란다. 열대 기후에서는 여러해살이처럼 재배하며,
  겨울에는 실내에 들여놓아도 된다.

파슬리 *Parsley*

기르기 쉬운 두해살이 식물이나, 한해살이처럼 재배해 잎을 먹는다.
요리사들에게 가장 사랑받는 허브로 이탈리아 요리에 흔히 쓰인다.

- 성숙 일수
  모종 상태에서부터 30일, 또는 새순이 나고
  전체 높이가 10~15센티미터가 되었을 때
- 크기
  높이 45~60센티미터(꽃대가 올라오면 90센티미터에 달함),
  너비 20~30센티미터
- 난이도
  ★☆☆ 쉬움

알아두기

당근의 친척뻘 된다. 2년차에 꽃이 피고 긴 꽃대가 올라와
씨앗을 맺는다. 파슬리는 보통 한해살이처럼 재배하고 매년
다시 심어야 최상의 맛을 볼 수 있다. 당근, 토마토 등과 혼식
하기 좋다.

파슬리 기르는 방법

컨테이너 크기
소형(또는 그보다 큰 것). 긴 곧은뿌리를 내리므로 깊이가 최소 20센티미터인 컨테이너에서 가장 잘 자란다.

심는 시기
봄의 마지막 서리일 5주 전에 심기 시작한다.

시도해 볼 만한 품종
이탈리안 자이언트(납작한 잎). 다키(곱슬거리는 파슬리로, 높이가 30~40센티미터밖에 되지 않아 컨테이너에서 기르기에 좋음).

심는 형태
모종. 작고 짙은 녹색을 띠는 것이 심었을 때 더 잘 적응한다. 씨앗은 발아가 매우 더디다.

심는 방법
모종을 기존에 심겼던 화분에서와 같은 깊이로, 15센티미터 간격을 두어 심는다.

빛
충분한 햇빛이나 부분 그늘.

물
식물이 확실히 자리를 잡을 때까지 물을 잘 주고, 그 후에는 규칙적으로 물을 준다. 오야나 자동 급수 컨테이너를 이용해도 잘 자란다.

양분
재배기 동안 한두 번 정도 유기질 액비를 주면 좋다.

수확 시기
빨리 자라므로 어느 때든 수확이 가능하다. 각 줄기를 필요한 만큼 수확한다.

Tips

- 겨울이 추운 지역에서는 겨울 동안 뿌리 덮개를 해준다. 해마다 심는 장소를 바꾸어 주고 식물 잔여물을 없애야 병해충을 예방할 수 있다.
- 실내 재배를 위한 팁: 파슬리 재배에 이상적인 실내 온도는 10~24도이다. 보조 조명을 15센티미터쯤 떨어진 곳에 설치하고, 타이머를 설정해 10~11시간 동안 조명을 받도록 한다. 흙의 윗부분 약 3센티미터가 말랐을 때에만 물을 준다. 실내에서 재배할 때는 유약을 바르지 않은 테라 코타 화분에 심는 것이 가장 좋다.

한련 *Nasturtium*

땅에서 뻗어나가는 덩굴성 꽃으로, 잎과 꽃을 먹는다.

- **성숙 일수**
  꽃이 피기까지 35~50일
- **크기**
  높이 15~90센티미터, 너비 30~45센티미터
  (품종에 따라 다름)
- **난이도**
  ★☆☆ 쉬움

알아두기

한련은 서리에 민감하므로 기온이 영하로 내려가면
부직포 등으로 덮어준다. 꽃, 잎, 줄기는 모두 식용이
가능하다. 토마토, 무, 호박 등과 혼식하기 좋다.

한련 기르는 방법

컨테이너 크기
특소형(또는 그보다 큰 것).

심는 시기
봄의 마지막 서리일 후 심기 시작한다. 겨울이 포근한 기후에서는 가을에 심는다.

시도해 볼 만한 품종
컨테이너에서 기르기에 좋은 왜성종으로 선택한다.

심는 형태
씨앗. 씨앗을 물에 8시간 동안 담가 두었다가 심으면 발아가 빨리 된다.

심는 방법
씨앗을 1~2.5센티미터 깊이에 12~15센티미터 간격으로 심는다. 싹이 날 때까지 씨앗을 촉촉하게 유지한다.

빛
서늘한 기후에서는 충분한 햇빛을 받도록 한다. 온난한 기후에서는 부분 그늘에서 재배하면 재배기를 늘릴 수 있다.

물
식물이 확실히 자리를 잡을 때까지 물을 잘 주고, 그 후에는 흙의 윗부분 약 3센티미터가 살짝 말랐을 때 물을 준다.

양분
추가로 양분을 줄 필요가 없다. 추가 양분 또는 지나치게 비옥한 흙은 꽃이 덜 피고 잎이 많이 나는 결과를 초래한다.

수확 시기
꽃이 피기 시작하면 어느 때든 잎과 꽃을 수확한다. 식용으로 꽃과 잎을 수확할 때에는 아침에(단 이슬이 말랐을 때) 따도록 한다.

Tips

• 순지르기를 해주면 전체적으로 정리가 되고 꽃이 더 많이 핀다.

해바라기 *Sunflower*

상징적인 해 모양의 한해살이 꽃으로
덥고 건조한 환경을 잘 견딘다.

- **성숙 일수**
  80~120일(품종에 따라 다름)
- **크기**
  높이와 너비 20~60센티미터
- **난이도**
  ★ ☆ ☆ **쉬움**

알아두기

일반적인 해바라기는 컨테이너에서 재배하기에 너무 클 수 있
으므로 컨테이너용 왜성종으로 선택한다. 씨앗이 커서 다루기
쉬우며, 발아가 빠르고, 아이들과 함께 기르기에 좋다. 오이와
혼식하기 좋다.

해바라기 기르는 방법

I⬜ 컨테이너 크기
소형(또는 그보다 큰 것). 깊이가 최소 30센티미터는 되어야 한다.

🗓 심는 시기
봄의 마지막 서리일 후에 심기 시작한다. 재배 가능 기간이 짧은 기후에서는 마지막 서리일 2~3주 전에 실내에서 씨앗을 심는다.

🌿🌿 시도해 볼 만한 품종
테디 베어, 뮤직 박스, 옐로 피그미(왜성종), 자이언트(씨앗을 먹을 수 있음).

🌼 심는 형태
씨앗.

🔲 심는 방법
씨앗을 약 1센티미터 깊이로 심는다. 발아될 때까지 촉촉하게 해준다. 지름 20센티미터 크기의 컨테이너에는 씨앗을 1개 이상 심지 말고, 30센티미터 크기의 컨테이너에는 3개 이상 심지 않는다. 그보다 큰 컨테이너에서는 약 15센티미터의 간격을 둔다. 싹이 7.5센티미터의 길이로 자라면 솎아낸다.

☀ 빛
충분한 햇빛.

💧 물
식물이 확실히 자리를 잡을 때까지 물을 잘 주고, 그 후에는 규칙적으로 물을 준다. 오야나 자동 급수 컨테이너를 이용해도 잘 자란다.

🔅 양분
추가로 양분을 줄 필요가 없다.

🌱 수확 시기
꽃이 필 때 식용 꽃봉오리를 수확한다. 꽃잎은 꽃이 피었을 때 잡아떼어 수확한다. 씨앗은 어두운 색으로 변했을 때, 꽃의 뒷면이 녹색에서 노란색이 되었다가 갈색으로 변했을 때 수확해야 통통하고 단단하다.

Tips

• 3주마다 연속해서 심으면 계속 수확할 수 있다. 어린 싹은 망사 천으로 덮어 새들로부터 보호한다.

부록

문제 해결을 위한 조언과 유기농 해충 방제 조견표

컨테이너 가드너들에게 좋은 소식은, 컨테이너에서 기른 식물은 대체적으로 노지 텃밭의 식물들보다 병해충이 적다는 것이다. 무균 상태인 화분용 배합토를 사용하므로 다루기 어려운 토양전염성 질병들을 막을 수 있다. 컨테이너 안에서 해충 문제가 발생하면 노지에서보다 발견하기도 쉽다. 조기 발견은 보통 발생한 문제를 보다 쉽게 해결할 수 있음을 의미한다.

건강한 식물, 병에 강한 품종을 선택함으로써 질병을 피하도록 한다. 식물의 건강은 최고의 해충 방어책이 된다. 해충은 어딘가 약한 식물들에 더 잘 생긴다. 물을 적절하게 주고 잎에는 물이 닿지 않도록 한다. 식물들마다 충분한 공간적 여유를 제공하고, 통풍이 잘되도록 적당한 간격을 두도록 한다.

문제 해결을 위한 조언

문제	주요 원인	시도해 볼 만한 해결책
잎이 노랗게 변함 성장이 느림 아래쪽 잎이 말라 갈색이 됨	물 부족	물 주는 양 늘리기 수분계로 정확한 수분량을 측정
식물이 시들어 보이고 아래 항목들 중 하나 이상의 문제가 나타남 · 흙이 축축함 · 잎이 갈색이 됨 · 잎이 노랗게 되어 떨어짐 · 새순이 나는 횟수가 감소 · 식물이 축 처짐 · 곰팡이 · 뿌리가 끈적거리거나 이상한 냄새가 남(뿌리 썩음)	물 과다	흙의 윗부분 약 3센티미터가 마를 때까지 물을 주지 말기 꽃 제거 수분계로 정확한 수분량을 측정 흙을 만져보아 말랐을 때에만 물 주기
배꼽썩음병(토마토, 고추, 가지 같은 열매의 움푹 들어간 부분이 검게 변하고 두꺼워지는 것)	물을 고르게 주지 않거나 토양 수분이 일정하지 않아서 식물이 토양의 칼슘을 흡수할 수 없음(한 철의 첫 토마토에서 드물지 않게 일어남)	흙의 촉촉함을 고르게 유지 자동 급수 컨테이너나 오야 사용 뿌리 덮개를 잘 해주기
수꽃과 암꽃이 다 있지만 암꽃이 시들고 열매를 맺지 못함	꽃가루 매개자가 없음	인공 가루받이를 해주기

문제	주요 원인	시도해 볼 만한 해결책
성장이 느림	햇빛 부족 양분 부족	컨테이너를 햇빛이 더 잘 드는 곳으로 옮기기 유기질 비료 주기
잎이 연두색이나 노란색으로 변하고, 잎맥이 녹색이 됨	질소 부족	어비(魚肥) 주기
잎이 붉은색 또는 보라색으로 변함	인 부족	해조류 비료 주기
흰가룻병(잎에 흰 가루 같은 반점이 생김. 보통 위쪽 잎들에 작은 흰색 반점이 생기다가 점차 퍼짐)	잎에 물을 줌 햇빛 또는 통풍 부족 습하고 축축한 환경	컨테이너를 햇빛이 더 잘 드는 곳으로 옮기기 뭉쳐서 난 가지나 식물들을 솎아 통풍이 잘되게 하기 약 1리터의 물에 베이킹소다 1작은술을 섞어 식물에 뿌려주기 심하게 감염된 식물은 제거하기

유기농 해충 방제 조견표

관찰은 최고의 도구다. 매일 식물을 확인하고, 특히 잎 뒷면과 줄기를 자세히 살핀다. 성충을 보았다면, 잎 뒷면에 알이 있는지 확인한다. 문제가 발견되면 아래 항목을 읽어보고 유해성이 가장 적은 방법부터 시작한다(표에는 유해성이 가장 덜한 방식이 먼저 나와 있다).

　해충이 들끓게 되면 그 식물은 수명을 다한 것이다. 해충이 다른 컨테이너들에까지 퍼지기 전에 그 식물을 뽑아버리도록 한다.

해충	설명	처치법	선호하는 식물
진딧물	아주 작고(0.5센티미터 이하) 몸통이 연하며 서양배 모양임 보통 여러 마리가 발견됨 색깔이 다양함	물 스프레이 마늘 스프레이 감염된 잎들과 식물들을 대거 솎아내기 살충 비누 님 오일	여러 식물들의 새순
배추벌레/자벌레	작은(3센티미터) 크기의 벨벳 같은 녹색 유충/애벌레 흰 나방과 노란 나방이 알을 낳음	막덮기 손으로 떼어내기 노란색 끈끈이 트랩 바실러스 튜링겐시스(Bt) 마늘 스프레이 님 오일	브로콜리, 양배추, 콜리플라워, 케일

해충	설명	처치법	선호하는 식물
벼룩 잎벌레	아주 작고(약 2밀리미터) 윤기가 흐르는 검은색 또는 갈색 딱정벌레 가까이 다가가면 펄쩍 뛰어 도망감	막덮기 노란색 끈끈이 트랩 님 오일	콩, 브로콜리, 양배추, 가지, 케일, 상추, 호박, 토마토
왜콩풍뎅이, 콜로라도감자잎벌레, 넓적다리잎벌레	단단한 껍질을 가진 딱정벌레들, 몸길이 약 0.7~1센티미터	텃밭 부직포 성충과 알을 손으로 떼어내기 흔들어서 벌레들을 천 위에 떨어뜨리기 님 오일	콩, 과실수, 가지, 감자, 토마토, 고추, 오이, 호박
쥐며느리(롤리 폴리) – 수가 많으면 어린 식물에 해가 될 수 있음	약 1센티미터 길이의 검은색 또는 갈색 갑각류로, 건드리면 공처럼 말리는 분절된 몸통에 일곱 쌍의 다리가 달려있음	텃밭 위생 준수 손으로 떼어내기 맥주 트랩, 감귤 트랩, 보드 트랩 규조토 님 오일	싹, 어린 모종
민달팽이, 달팽이	민달팽이: 몸이 연하고 점액질이며 길이가 2.5~5센티미터 달팽이: 민달팽이와 비슷하나 더듬이와 껍질이 있음	손으로 떼어냄(밤에 하면 가장 쉬움) 맥주 트랩, 감귤 트랩, 보드 트랩 규조토	싹, 어린 모종
잎응애	매우 작은(약 0.5밀리미터) 노란색 거미류 잎응애가 들끓으면 잎을 갉아 먹고 거미줄을 침	물을 세게 뿌림 마늘 스프레이 살충 비누 님 오일	잎채소
호박노린재	알: 갈색이며, 보통 잎 아랫부분에 모여 있음 유충: 회색이며, 다리는 검은색 성충: 길이 약 1센티미터, 갈색 또는 회색	텃밭 위생 준수 막덮기 잎 아랫부분을 매일 확인하여 알이 있으면 떼어내기 성충 손으로 떼어내기 마늘 스프레이 살충 비누 님 오일	호박, 오이, 캔털루프 멜론, 수박
호박덩굴벌레	알: 작고 납작하며 갈색, 주로 호박 맨 아랫부분 주위에서 발견됨 유충: 길이 최대 2.5센티미터, 흰색의 통통한 몸통, 머리는 갈색 나방: 약 1센티미터, 회색과 주황색 몸통, 투명한 녹색 날개	저항력이 강한 품종 기르기 마늘 스프레이 막덮기	호박

해충	설명	처치법	선호하는 식물
총채벌레	아주 작은(0.5~1밀리미터) 날벌레 식물에 붙어 있으면 어두운 은빛으로 보임	물 스프레이 노란색 끈끈이 트랩 규조토 마늘 스프레이 살충 비누 님 오일	양파, 차이브, 무화과
토마토 뿔벌레	흑백 줄무늬가 있는 큰(최대 12.5센티미터) 녹색 애벌레로 한쪽 끝에 큼직한 뿔이 달림	막덮기 손으로 떼어내기 바실러스 튜링겐시스 님 오일	토마토, 가지, 고추, 감자
온실가루이	몸이 연하고 작은(약 2밀리미터) 흰색 날벌레	물 스프레이 노란색 끈끈이 트랩 마늘 스프레이 살충 비누 님 오일	토마토, 가지, 고추, 오크라, 고구마, 양배추, 감귤나무

처치법 설명서

인내심을 가지고 어떤 방법이든지 최대한 조금만 적용하도록 한다. 아무리 유기농이라도 모든 제품은 본의 아니게 유익한 곤충들까지 죽일 수 있다. 희석도와 적용에 대한 설명을 정확히 따르도록 한다. 유기농 방제법을 잘못 적용하거나 농도가 너무 높으면 화학제품들 만큼이나 위험할 수 있다.

처치법	설명
바실러스 튜링겐시스 엽면 스프레이	애벌레가 먹으면 죽게 되는 생물적 방제법. 해충과 해충이 아닌 애벌레를 구별할 수 없음.
맥주, 감귤	맥주가 담긴 얕은 컨테이너를 놓아두거나, 반으로 자른 감귤류 과일을 흙에 엎어놓고 밤새 벌레들을 유인한다. 보드 트랩도 같은 방식으로 사용하며, 모인 벌레를 아침마다 버린다.
규조토	거친 질감이 몸이 연한 벌레들의 피부에 상처를 입힌다. 식물 주위에 규조토를 5센티미터 너비로 뿌려두고, 비가 온 뒤에는 다시 뿌린다. 반드시 식품 등급을 받은 유기농 규조토를 구매한다.
마늘 스프레이	해충을 죽이는 것이 아니라 쫓아버린다. 비가 온 뒤에는 다시 뿌린다. 잎에 분사한다.

처치법	설명
살충 비누 엽면 스프레이	몸이 연한 해충들의 세포막을 손상시킨다. 이른 아침에 뿌린 뒤 헹궈내야 잎이 타는 것을 막을 수 있다.
님 오일 엽면 스프레이	해충의 성장을 방해하고 식욕을 감퇴시킨다. 벌들에게 해로울 수 있다. 꽃에는 뿌리지 말고, 꼭 필요한 곳에만 사용한다.
막덮기	심은 직후에 적용해야 어린 작물이 해충으로 인해 손상되는 것을 막을 수 있다. 가루받이 시기에는 제거한다.
노란색 끈끈이 트랩	감염된 식물 가까이에 걸어두면(흙 위에 놓아두지 않는다) 날아다니는 해충들을 유인해 성장을 방해한다.

컨테이너 가드닝에 대해 더 배울 수 있는 자료들

온라인 자료

농촌진흥청 산하 국립원예특작과학원

www.nihhs.go.kr

'텃밭 재배 작물 캘린더'와 '실내 텃밭 재배 달력'을 검색해 다운로드받을 수 있다.

지역별 농업기술센터 및 농업기술원

www.rda.go.kr(농촌진흥청)

농업기술과 정보를 보급하는 지방자치단체 산하기관이다. 각 시/도/군에 설치되어 있다.

농촌진흥청 홈페이지 하단의 '지방농촌진흥기관' 탭에서 각 지역별 기관으로 이동할 수 있다.

농사로

www.nongsaro.go.kr

농촌진흥청이 운영하는 농업 정보 포털 웹사이트

국가농작물병충해관리시스템

ncpms.rda.go.kr

병해충 예방법 및 예측 정보, 상담을 제공한다.

찾아보기

찾아보기

옮긴이 **서지희**

한국외국어대학교 독일어과를 졸업했으며, 다양한 분야의 책들을 번역해 왔다. 라퀴진 푸드코디네이터 아카데미를 수료하고 한식, 양식 조리사자격증을 취득했으며, 잡지사 음식문화팀 객원기자로 일했다. 현재 번역에이전시 엔터스코리아에서 번역가로 활동하고 있다. 옮긴 책으로는 《그러니까, 친환경이 뭔가요?》, 《타샤가 사랑한 요리》, 《팬 뱅잉 COOKIE》, 《내추럴 와인》, 《앰버 레볼루션》, 《부엌 도구 도감》, 《180일의 엘불리》, 《내 아이의 IQ를 높여주는 브레인 푸드》, 《함께 먹는 세계의 음식》, 《쓰레기는 쓰레기가 아니다》, 《하루 1장, 기억하기 쉬운 세계사》, 《얼음에 갇힌 여자》, 《1일 1편 신박한 잡학사전 365》 등 다수가 있다.

방구석 가드닝

초판 1쇄 인쇄 2022년 3월 11일
초판 1쇄 발행 2022년 3월 25일

지은이 | 앤절라 S. 저드
옮긴이 | 서지희
발행인 | 강봉자, 김은경

펴낸곳 | (주)문학수첩
주소 | 경기도 파주시 회동길 503-1(문발동633-4) 출판문화단지
전화 | 031-955-9088(대표번호), 9534(편집부)
팩스 | 031-955-9066
등록 | 1991년 11월 27일 제16-482호

홈페이지 | www.moonhak.co.kr
블로그 | blog.naver.com/moonhak91
이메일 | moonhak@moonhak.co.kr

ISBN 978-89-8392-897-9 13520

* 파본은 구매처에서 바꾸어 드립니다.